こんなところでつまずかない！

# 交通事故事件の
# 実務用語辞典

東京弁護士会 親和全期会
編著

第一法規

# はしがき

　交通事故事件を取り扱ったことがある弁護士は多いと思われますが、弁護士活動を行えば、すぐに、保険業界、医療業界、車業界などの業界用語、専門用語に出くわします。そして、交通事故事件によほど精通した弁護士でなければ、一見してその意味が分からず、他で調べることになります。そのようなとき、交通事故事件にかかわるこれらの業界用語、専門用語を1つにまとめた用語集、解説集が存在すれば、われわれ弁護士が交通事故事件を取り扱うにあたり大変便利ではないかと考え、親和全期会では、本書を執筆することにしました。

　実は、親和全期会では、平成28年11月に、交通事故事件を取り扱う実務経験の浅い新人弁護士・若手弁護士に向けて、親和全期会所属の弁護士が積み重ねてきたノウハウを体験談という形にした『こんなところでつまずかない！交通事故事件21のメソッド』を刊行したところ、予想を上回る反響をいただき、その中でも、業界用語についての反響が大きかったことも、本書を執筆する動機となりました。

　親和全期会は、東京弁護士会内の会派の1つである法曹親和会の会員のうち司法修習終了後15年までの若手・中堅弁護士によって構成される団体（会員数約1,000名）です。親和全期会では、日本弁護士連合会・東京弁護士会の会務・政策について議論し意見を反映させる活動を行っているほか、弁護士業務に関する研修や親睦企画などを多数開催しています。そして、親和全期会の活動を通じて多くの弁護士が知り合い、弁護士業務のノウハウの情報を交換し、議論をし、自らの弁護士業務に役立てています。

そのような親和全期会活動を通じて蓄積された弁護士ライフのノウハウの一端を新人弁護士・若手弁護士のためにまとめ、平成27年12月、『こんなところでつまずかない！弁護士21のルール』を刊行し、また、その姉妹本として、平成28年11月、『こんなところでつまずかない！交通事故事件21のメソッド』、平成29年1月、『こんなところでつまずかない！離婚事件21のメソッド』、平成29年11月、『こんなところでつまずかない！不動産事件21のメソッド』を刊行したところ、いずれも予想を上回る大きな反響をいただきました。

　本書は、これらのような体験談の形ではなく、業界用語や記録の見方などを分かりやすく解説したものですが、単なる用語の羅列ではなく、ボス弁とイソ弁との会話形式を取り入れるなど実務に即した構成となっています。読者のみなさんが、交通事故事件を解決するために本書を役立てていただければ、望外の幸せです。

　最後に、本書上梓にあたっては、第一法規株式会社編集第一部の田中信行氏、河田愛氏、鈴木由真氏に大変にお世話になりました。ここに厚く御礼を申し上げます。

平成30年1月

東京弁護士会　親和全期会
平成29年度代表幹事
弁護士　菊地真治

## 凡例

裁判例には、原則として判例情報データベース「D1-Law.com 判例体系」（https://www.d1-law.com）の検索項目となる判例IDを〔　〕で記載しています。
例：最判昭和56年12月22日民集35巻9号1350頁〔27000112〕
本書において、第3章で解説している交通事故関係の文献については略称で表記しています。また、『こんなところでつまずかない！ 交通事故事件21のメソッド』を『交通事故メソッド』として、表記しています。
　第3章の 業 は略語業界用語であることを示しています。

### 判例出典略語

| | |
|---|---|
| 民集 | 大審院民事判例集、最高裁判所民事判例集 |
| 刑集 | 大審院刑事判例集、最高裁判所刑事判例集 |
| 判タ | 判例タイムズ |
| 交通民集 | 交通事故民事裁判例集 |
| 金融法務 | 旬刊金融法務事情 |

### 法令名略語

| | |
|---|---|
| 道交法 | 道路交通法 |
| 道運法 | 道路運送車両法 |
| 自賠法 | 自動車損害賠償保障法 |
| 自動車運転処罰法 | 自動車の運転により人を死傷させる行為等の処罰に関する法律 |
| 道交法施行令 | 道路交通法施行令 |
| 自動車運転処罰法施行令 | 自動車の運転により人を死傷させる行為等の処罰に関する法律施行令 |
| 自賠法施行令 | 自動車損害賠償保障法施行令 |

本書は2017年11月までに公表されている内容によっています。

こんなところでつまずかない！
# 交通事故事件の実務用語辞典

東京弁護士会 親和全期会
編著

はしがき ………………………………………………………………………… i
凡例 …………………………………………………………………………… iii

## 第1章 用語使用例（会話を題材に） 001
1　初めての交通事故相談 ……………………………………………… 002
2　Aさんの損害額の算出 ……………………………………………… 006
3　主婦・むち打ち事案、紛セを利用する？ ………………………… 011
4　物損事故への対応・車両の損害を中心に ………………………… 020

## 第2章 | 実務の基礎知識　　025

1　保険の仕組み ………………………………………………… 026
2　診療記録の読み方 その1 …………………………………… 030
3　診療記録の読み方 その2 …………………………………… 036
4　診療記録の読み方 その3 …………………………………… 041
5　物損事故のあれこれ ………………………………………… 046
6　自動車の種類 ………………………………………………… 050
7　車のパーツの名称 …………………………………………… 052

## 第3章 | 用語集　　055

1　事故の発生・日時・場所関係 ………………………………… 056
2　事故態様・過失相殺関係 …………………………………… 063
3　傷病関係 ……………………………………………………… 076
4　治療状況・治療関係 ………………………………………… 088
5　後遺症の内容・症状固定・等級関係 ………………………… 107
6　逸失利益（休業・後遺障害・死亡）関係 …………………… 113
7　慰謝料（入通院・後遺障害）関係 …………………………… 129
8　既払金・弁護士費用関係 …………………………………… 134
9　死亡事故関係 ………………………………………………… 136
10　物損関係 …………………………………………………… 142
　コラム　自動車検査証の取得方法 …………………………… 149
11　保険関係 …………………………………………………… 160
12　刑事関係・行政関係 ……………………………………… 187
　コラム　危険運転致死傷罪と道交法違反の罪数関係 ……… 194
13　その他 ……………………………………………………… 201

用語索引 ………………………………………………………… 207
執筆者一覧 ……………………………………………………… 217

# 第 1 章

# 用語使用例
## （会話を題材に）

　とある県の、S法律事務所に新人弁護士のZ弁護士が入所しました。そこでなされる、ボスのS弁護士、依頼者等のやり取りから、交通事故事案における業界用語・略語がどのように使われているのか、実際の雰囲気に触れてみましょう。
（本章においては、第3章に掲載している用語に下線を引いていますので併せてご確認ください）

# 1 | 初めての交通事故相談

司法修習を終えたZ弁護士は、いよいよ弁護士としての第一歩を踏み出すこととなり、緊張と不安の中、勤務先のS法律事務所に初出勤しました。すると、S法律事務所に、早くも新規の相談案件が入ってきました。会話例1では、後遺症の事案を題材に、一般的なやり取りの中で使用される略語・業界用語を見てみましょう。

## ➡ Z弁護士、弁護士デビュー

Z弁護士　おはようございます。今日からお世話になります。よろしくお願いします。

S弁護士　おはよう。こちらこそよろしくね。早速だけど、この後すぐに交通事故の被害者のAさんが相談に見えることになっているんだ。弁護士初出勤日に申し訳ないけど、打合せに同席してくれないかな。

Z弁護士　はい、わかりました。交通事故の相談は修習生の時に少し経験した程度なのですが、是非同席させてください。ところで、どのような事案なのですか？

S弁護士　詳しくはこれから聞くのだけれど、Aさんは交通事故で肩に大怪我を負ったと聞いている。相手の保険会社から、そろそろ示談交渉をしようと言われ、示談してよいのか不安になって相談に来ることになったんだよ。

Z弁護士　わかりました。

## ➡ Aさんとの打合せ終了後

S弁護士　弁護士としての初めての打合せはどうだった？
Z弁護士　わからないことだらけで、ただ座って聞いているだけでした。
S弁護士　そうだね。自分から何も発言してなかったよね。
Z弁護士　……。
S弁護士　それでは、事案を1回整理してみようか。
Z弁護士　はい、お願いします。

| | |
|---|---|
| S弁護士 | 事故の日時、場所は、Aさんが持って来てくれた事故証明に書いてるね。 |
| Z弁護士 | はい。あと、事故の相手方のBさんの連絡先とか、お互いの車両、自賠責保険のことも書いていますね。 |
| S弁護士 | そうだね。Aさんの話だと、Bさん側の一括社はC社で、担当はDさんだね。 |
| Z弁護士 | 一括社……。あっ、Bさんの任意保険の保険会社のことですね。 |
| S弁護士 | そうだよ。事故態様は、Aさんが運転する車とBさんが運転する車の、右直事故だね。まぁ、Aさんの車のドラレコがあるから、事故態様自体に争いはなさそうだね。 |
| Z弁護士 | はい……。 |
| S弁護士 | 実況見分調書もとっておいてね。 |
| Z弁護士 | はい。 |
| S弁護士 | あと、こちらの過失がどのくらいになりそうか、『判タ』とか『赤い本』で調べておいてね。 |
| Z弁護士 | はい。 |
| S弁護士 | Aさんが負った怪我は、右肋骨骨折、右胸鎖関節脱臼、右肩腱板損傷かな。あとは、前歯が3歯折れていたね。怪我はいずれも、すでにコテイしているよね。 |
| Z弁護士 | はい……。 |
| S弁護士 | 事前認定では、右胸鎖関節脱臼による右鎖骨の変形が第12級5号（鎖骨、胸骨、ろく骨、けんこう骨又は骨盤骨に著しい変形を残すもの）、前歯3歯の損傷は第14級2号（3歯以上に対し歯科補綴を加えたもの）が認められているね。 |
| Z弁護士 | ああ、Aさんが持って来てくれた「自動車損害賠償責任保険　後遺障害等級のご案内」って書類に書いてありますね。そうすると、この第12級と第14級の2つを前提に示談交渉をすればよいのですね。 |
| S弁護士 | いや、ちょっと待ちなさい。Aさんは肩から腕が痛いとか、腕が上がらなくなったと言っていたよね。事前認定では、これらについては後遺障害として認められていないよね。異議申立てを考えた方がよいのではないかな？ |
| Z弁護士 | 異議申立て……？　後で調べてみます……。でも、Aさんの手元には、ジコショウメイ、事前認定の書類しかないようです。これまでのレシートとかも全部C社に送ってしまったそうで、控えはとっていないようです。ここから先、どうやって資料を集めればよいのでしょうか？ |

第1章　用語使用例

1　初めての交通事故相談

| | |
|---|---|
| S弁護士 | C社の担当者Dさんにお願いすれば、C社が保管しているこれまでの資料の写しを送ってもらえるよ。まずは明日、C社宛に受任通知を送って、これまでの資料一式を送ってもらうようお願いしておいてね。 |
| Z弁護士 | はい、わかりました。 |

## ⇨ 数日後

| | |
|---|---|
| Z弁護士 | S先生、C社から書類が届きました。中身は、えっと、<u>診断書</u>、<u>診療報酬明細書</u>、<u>休業損害証明書</u>、<u>賞与減額証明書</u>、<u>通院交通費明細書</u>……、その他いろいろな書類や領収証のコピーが入っています。あと、<u>Xp</u>とかが記録されているCD-Rもあります。いろいろあって、何が何だか……。 |
| S弁護士 | まぁ、後でゆっくり内容を確認しておいてね。<u>後遺障害診断書</u>はあるかな？ |
| Z弁護士 | はい。整形外科の医師が作成したものと、歯科医師が作成したものが1通ずつあります。 |
| S弁護士 | 整形外科の<u>後遺障害診断書</u>を見せてみて。Aさん、右腕が上がらなくなったと言っていたよね。この内容からすると、右肩の<u>可動域制限</u>が認められてもいいはずだよ。 |
| Z弁護士 | え、そうなんですか。 |
| S弁護士 | 『<u>必携</u>』とかを見て、どのような場合に<u>可動域制限</u>が認められるか、後で確認しておいてね。 |
| Z弁護士 | はい……。 |
| S弁護士 | あと、<u>神経症状</u>も確認しといてね。 |

## ⇨ 数時間後

| | |
|---|---|
| Z弁護士 | S先生、『<u>必携</u>』を見て、<u>事前認定</u>の結果を読み直しました。<u>後遺障害診断書</u>の数値からすると、<u>可動域制限</u>についても認められてもよさそうです。また、<u>神経症状</u>も認められてもよさそうです。 |
| S弁護士 | そうだね。<u>異議申立て</u>をしましょう。 |
| Z弁護士 | はい。でも、<u>事前認定</u>では、<u>可動域制限</u>や<u>神経症状</u>と事故との因果関係が医学的に証明できないということで、後遺障害とは認められないとの判断がされています。医学か……、私にはかなり難しそうだなぁ……。 |

| | |
|---|---|
| S弁護士 | そうだね。医学的な因果関係の問題となると、医学の素人である我々だけでは対応するにも限界があるよね。整形外科の主治医のE先生に話を聞きに行った方がよさそうだね。 |
| Z弁護士 | はい。早速アポをとってみます。 |
| S弁護士 | E先生と面談するうえでは、Aさんの<u>同意書</u>も必要になると思うから、Aさんの<u>同意書</u>も準備しておいてね。 |
| S弁護士 | はい、わかりました。 |

## ⇨ E医師との面談を終えた後の帰り道

| | |
|---|---|
| Z弁護士 | いやぁ、E先生が非常に協力的な先生で助かりました。説明もわかりやすかったし。これなら<u>異議申立て</u>も認められそうですね。 |
| S弁護士 | <u>意見書</u>も書いていただけるとのことで、よかったよね。 |
| Z弁護士 | そうですね。ただ、面談するのに1時間近く待ちましたね。 |
| S弁護士 | うん。お医者さんは多忙だし、患者への治療が優先だから、約束した面談時間に面談を開始できないということはよくあることだよ。だから、私は、面談時間が遅くなる可能性を考えて予定を組んでいたし、待ち時間に読もうと思って本も持って来ていたんだよ。 |
| Z弁護士 | （それを先に言ってよ……。）以後、気を付けます……。 |

# 2 Aさんの損害額の算出

会話例2は、Z弁護士がAさんの損害額を算出していく段階の話です。Z弁護士が、S弁護士から損害額を算出するうえでの注意等を教わる中で、さまざまな略語・業界用語が出てきますので、これについて見てみましょう。

## ⇨ E医師の意見書をもとに異議申立てを行った結果……

**Z弁護士** S先生、やりました。異議申立てが認められました。新たに、右肩から右前胸部の疼痛について、第12級13号（局部に頑固な神経症状を残すもの）が、右肩関節の可動域制限について、第10級10号（1上肢の3大関節中の1関節の機能に著しい障害を残すもの）が認められました。

**S弁護士** いや、よかったねぇ。Aさんの後遺症を整理すると、
　①右鎖骨に変形：第12級5号
　②前歯3歯の損傷：第14級2号
　③右肩から右前胸部の神経症状：第12級13号
　④右肩関節の可動域制限：第10級10号
で、併合して第9級ということになるね。

**Z弁護士** はい。

**S弁護士** 異議申立て前（①と②のみ）と異議申立て後（①から④）では、大きな違いがあることがわかるかな？

**Z弁護士** 異議申立て前の等級（第12級）と異議申立て後の第9級では、等級が大きく異なります。

**S弁護士** はぁ〜（ため息）。まぁ、それはそうなんだけど、後遺障害逸失利益に大きな差が出ることになるんだよ。

**Z弁護士** そうなんですか？

**S弁護士** 後遺症を負えば必ず後遺障害逸失利益が認められる、というわけではないんだよ。後遺症によっては、労働能力の喪失が認められなかったり、労働能力喪失率が逓減されたり、労働能力喪失期間が限定されたりすることもあるんだよ。

**Z弁護士** え、そうなんですか？

| | |
|---|---|
| S弁護士 | ②の歯牙障害は労働能力の喪失は否定されやすいし、①の鎖骨変形だけでは運動障害が軽度であるとして、労働能力の喪失は否定されやすいよ。<br>また、③の神経症状も、経年により症状が緩和すると考えられるから、労働能力喪失率が逓減されたり、労働能力喪失期間が限定されやすいよ。第12級13号の神経症状だと、労働能力喪失期間を10年に限定することが多いようだよ。 |
| Z弁護士 | 機械的に、等級表の労働能力喪失率が認められ、67歳まで労働能力喪失期間が認められるわけではなかったのですね。 |
| S弁護士 | うん。Aさんのケースでは、④の右肩関節の可動域制限(第10級10号)もあるから、等級表どおりの労働能力喪失率が認められるし、労働能力喪失期間は67歳まで認められると思うよ。 |
| Z弁護士 | なるほど、先程おっしゃった「大きな違い」とはこのことだったのですね。 |
| S弁護士 | 後遺障害逸失利益では、問題となる傷病はそれなりにあるから、事案ごとにきちんと確認するようにしてね。 |
| Z弁護士 | はい、以後気を付けます。 |

## ⇨ その後、Aさんとの打合せを行い

| | |
|---|---|
| Z弁護士 | Aさんも異議申立ての結果に納得してくれてよかったです。 |
| S弁護士 | そうだね。それでは、C社と示談交渉に入ろう。まず、Aさんの損害額を算定してみようか。 |
| Z弁護士 | はい。まず、治療費ですが、これまでの治療費(入院費・通院費)は120万円、入院雑費は27万3,000円、付添看護費は13万円、通院交通費は2万6,245円です。あと、文書料は5万4,000円です。 |
| S弁護士 | 本当にそれだけ? |
| Z弁護士 | あ、E先生のお話では、1年後にボルトの抜釘手術を行うとのことでしたね。抜釘手術の費用は10万円とのことでしたので、将来治療費として10万円も請求しましょう。 |
| S弁護士 | 10万円をそのまま請求するということ? |
| Z弁護士 | あっ、中間利息を控除して請求します。<br>具体的には、10万円×0.95238095(1年ライプ・現価表)=95,238円です。 |
| S弁護士 | そうだね。あと、歯科医師の説明では、Aさんの歯に加えた補綴の耐用年数は10年で、10年ごとに同様の補綴を加える必要があり、 |

Z弁護士　補綴に要する費用は都度8万円とのことだったね。この場合の将来治療費はどうなるかな？

Z弁護士　はい、事故当時のAさんの年齢（最初に歯の補綴を行った時の年齢）は40歳、簡易生命表によると、（事故が起きた）平成28年の40歳男性の平均余命は41.96歳なので、この後Aさんは10年後、20年後、30年後、40年後に補綴を加えることになります。

そのため、Aさんの歯の将来治療費は、
　10年後のもの：8万円×0.61391325（10年ライプ・現価表）
　20年後のもの：8万円×0.37688948（20年ライプ・現価表）
　30年後のもの：8万円×0.23137745（30年ライプ・現価表）
　40年後のもの：8万円×0.14204568（40年ライプ・現価表）
の合計額です。

S弁護士　そうだね。この場合は現価表を使うよね。たまに年金現価表を使って計算してくる人がいるんだけど、気を付けてね。次は、入通院慰謝料はどうなるかな？

Z弁護士　Aさんは、入院1か月、通院6か月と14日です。『赤い本』の別表Iで算定すると、Aさんの入通院慰謝料は、
　149万円（入院1月・通院6月）＋｛157万円（入院1月・通院7月）－149万円｝×14日／30日＝152万7,333円
となります。

S弁護士　そうだね。では、後遺障害逸失利益はどうなるかな？

Z弁護士　はい。まず、会社員（自動車のセールスマン）のAさんの事故前年度の収入は年収620万円です。労働能力喪失率は後遺障害の等級が第9級だから35％で、症状固定時のAさんの年齢は41歳だから67歳までの26年間が労働能力喪失期間となります。

そのため、後遺障害逸失利益は、
　基礎収入620万円×35％×14.3752（26年ライプ・年金現価表）
　＝3,119万4,184円となります。

S弁護士　そうだね。ところで、中間利息の控除方法だけど、ライプニッツ方式以外にも、ホフマン方式というものがあるのを知っていたかな？

Z弁護士　そういえば、『赤い本』には、ライプニッツ係数の隣に新ホフマン係数も書いてありました。新ホフマン係数の方が数値が高い（控除される利息が少ない）ので、こちらで計算した方がよかったかなとも思いました。

S弁護士　うん、ホフマン方式は単利で計算するから、複利で計算するライプニッツ方式よりも数値が高くなるよね。以前は、ライプニッツ方式

|||
|---|---|
| | を採用する裁判所、ホフマン方式を採用する裁判所の両方が併存していたんだ。でも、三庁共同提言により、ライプニッツ方式を採用しようという提言がなされたんだよ。 |
| Z弁護士 | そうだったんですか。 |
| S弁護士 | 三庁共同提言は、個々の裁判官を拘束するものではないけども、事実上は大きな影響力があるんだよ。中間利息の控除方法以外にも大事なことを言っているから、時間があるときに確認しておいてね。 |
| Z弁護士 | はい。 |
| S弁護士 | 話が脱線したけど、結局、Aさんの総損害額はいくらかな？ |
| Z弁護士 | 治療関係費が177万8,483円、休業損害が360万円、後遺障害逸失利益は3,119万4,184円、入通院慰謝料が152万7,333円、後遺症慰謝料が690万円（『赤い本』）で、以上を合計しますと、4,500万円になります。 |
| S弁護士 | AさんとBさんの過失割合は？ |
| Z弁護士 | 『判タ』を見ますと、Aさん20：Bさん80となっております。本件でも、この過失割合が妥当と思います。 |
| S弁護士 | うん。そうすると過失相殺後の損害額はいくらになるかな？ |
| Z弁護士 | 4,500万円の8割に当たる3,600万円になります。この3,600万円から既払金を控除すればよいですね？ |
| S弁護士 | そうだね。既払金の合計額はいくらかな？ |
| Z弁護士 | はい。C社から医療機関に直接支払われた治療費等が120万円です。また、C社からAさんに支払われた休業損害や通院交通費等は合計80万円です。なので、既払金の合計額は200万円です。 |
| S弁護士 | 200万円だけかな？ |
| Z弁護士 | Aさんは自ら加入していたF生命保険から入院給付金等20万円の給付を受けていますが、これは既払金に含まれないと考えていいですよね。 |
| S弁護士 | そうだね。生命保険金は控除しないとして、16条請求で受領した616万円のことを忘れていない？ |
| Z弁護士 | あっ、そうだ、忘れていました。そうすると、既払金は合計816万円となります。 |
| S弁護士 | そうだね。 |
| Z弁護士 | そうすると、既払金控除後の金額は3,600万円−816万円で2,784万円になります。これに弁護士費用1割：278万4,000円を加えますと、3,062万4,000円となります。あとは、事故発生日から年5分の割合による遅延損害金を請求することとなります。 |

| | |
|---|---|
| S弁護士 | そうだね。それでいいと思うよ。 |
| Z弁護士 | ただ、既払金の充当を調べていたら、損害賠償債務の元本ではなく、まずは遅延損害金に充当されるべきであるという最高裁の判例がありました（最判平成11年10月26日交通民集32巻5号1331頁〔28052592〕、最判平成12年9月8日金融法務1595号63頁〔28060082〕、最判平成16年12月20日交通民集37巻6号1489頁〔28100109〕）。そうすると、先程の私の請求金額とは異なってきますよね。 |
| S弁護士 | よく気づいたね。ただ、実務では、当事者（被害者）が既払金を元本から控除して請求する金額を算定している場合も多いんだよ。その場合は、被害者の主張する算定方法を踏まえて審理を進めるのが一般的だね。 |
| Z弁護士 | そうだったんですか。あとはAさんと打合せして、どこまで請求するか、どの金額で妥協するかを決めようと思います。 |

## ⇨ その後の示談交渉の結果

| | |
|---|---|
| S弁護士 | C社との交渉経過はどうなっている？ |
| Z弁護士 | Aさんと協議して、こちらは示談金を3,000万円として提示しております。ただ、先方のDさんは、「当社の基準で～」と言って、『赤い本』とは違った金額を提示してくるんですよね。 |
| S弁護士 | いわゆる任意基準（保険基準）ってやつだね。良いか悪いかはさておき、実務では、自賠責基準、任意基準（保険基準）、訴訟基準（赤い本基準、弁護士基準）というのがあって、自賠責基準が一番低く、訴訟基準が一番高いんだよ。示談交渉の段階では、保険会社は任意基準（保険基準）で示談金を算出してくるのが一般的だね。 |
| Z弁護士 | そうだったんですか。あと、先方は過失割合についても、Aさん30：Bさん70だと主張しています。 |
| S弁護士 | 確かに、ドラレコの映像からすると、過失割合についてはこちらの主張は分が悪いかも知れないね。Aさんは何と言っているの？ |
| Z弁護士 | Aさんは、「金額よりも、早く解決したい。裁判までやりたくない」とおっしゃっています。 |
| S弁護士 | わかった。そうしたら、Aさんが納得する範囲での示談成立を検討してみて。 |
| Z弁護士 | はい、わかりました。 |

（その後、交渉が続き、示談金を2,800万円とすることで示談が成立しました。）

## 3 | 主婦・むち打ち事案、紛セを利用する？

Aさんの事案が解決してから、1か月後、Z弁護士は1人で交通事故案件を対応することとなりました。受任時のやり取りや、主婦の休業損害、むち打ち症の特徴に関するやり取り、紛争解決手段選択の場面で出てくる略語・業界用語を見てみましょう。

### ▷ 初めて1人で対応することに……

S弁護士　Z君、顧問会社からの紹介で、交通事故の被害者で主婦のGさんの相談を受けることとなった。ただ、私は予定が詰まっているので、対応できないんだよね。Aさんの事案で交通事故は1回経験しているし、悪いけど、Z君、1人で対応してくれるかな。

Z弁護士　（マジか……。S弁護士抜きの打合せは初めてだ……。）はい。わかりました……。

S弁護士　わからないことがあったら、無理にその場で答えないで、後で調査して答える、って言ってもいいからね。

Z弁護士　（ホッとして）はい。

S弁護士　それでは、Gさんに電話連絡を入れておいてね。

Z弁護士　はい。

### ▷ S弁護士の指示を受けて Z弁護士は、Gさんに電話しました

Z弁護士　もしもし、Gさんでいらっしゃいますか。S事務所の弁護士のZと申します。お世話になります。

Gさん　先生、わざわざ電話ありがとうございます。Gと申します。

Z弁護士　交通事故に遭われたということを聞いています。

Gさん　そうなんですよ。数日前に自転車で走っていた時、考え事をしていたため、車にぶつかってしまったんです。

| Z弁護士 | そうなんですか。詳しくは、お越しいただいた際にお尋ねしますね。ご来所いただく日は、例えば、〇月〇日の午後〇時ではいかがでしょうか。また、その際にご持参いただきたい資料がございますが、メモなどしていただけますでしょうか。 |
| --- | --- |
| Gさん | すみません、先生、今出先でメモがとれないんですよ。メールで教えてもらうとかでもいいですか。あと、相談日時はおっしゃる日時で結構です。 |
| Z弁護士 | 承知しました。後ほどメールを送信します。それでは、お待ちしております。 |

(その後、Z弁護士は、Gさんにメールを送信し、次の資料が手元にあれば事前に送るか、持参してもらいたいと要請しました)

> 事故態様のわかるもの、<u>交通事故証明書</u>、<u>診断書</u>、<u>診療報酬明細書</u>、<u>通院交通費明細書</u>、<u>源泉徴収票</u>等収入のわかるもの、<u>休業損害証明書</u>、<u>後遺障害診断書</u>、自賠責からの後遺障害認定に関する回答書、<u>物的損害</u>に関するもの、交渉経緯のわかるものその他交通事故に関する資料。

| Z弁護士 | S先生、上記のメールをGさんに送りました。 |
| --- | --- |
| S弁護士 | メールの内容に間違いがあるとまでは言わないけど、事故からまだ数日しか経っていないんだよね。<u>後遺障害診断書</u>とかは、まだまだ先の話ではないの? |
| Z弁護士 | あっ、そうでした。数日しか経っていないのに、ここまでの資料が手元にそろっているわけないですよね。配慮が足りませんでした。 |
| S弁護士 | 今後、気を付けてね。 |

## ⇨ 約束の相談日にて

| Gさん | Z先生から持参してもらいたい資料ということでメールをもらったのですが、どういう資料をお求めなのかよくわかりませんでしたので、関係ありそうな資料をみんな持ってくることにしました(そういいながら、Gさんは、保険会社から受信した文書、タクシーの領収書、医療機関からの領収書等を会議室のテーブルに並べた)。 |
| --- | --- |
| Z弁護士 | いえ、こちらがもう少し丁寧に説明をしておけばよかったです。では、事故の状況を教えていただけますか? 自動車と自転車の事故でしたよね(と言いつつ、事務所にあるミニカーと自転車の模型を |

取り出した)。事故の起こる前から事故が発生するまでの、それぞれの動きについて説明していただけますか？
(Gさんは、ミニカーと模型を持ちながら説明してくれたので、Z弁護士は、短時間で事故態様を聴き取ることができた)

| | |
|---|---|
| Z弁護士 | お怪我はされたのですか。 |
| Gさん | その日は痛みはなかったのですが、翌日に腕が痺れたり、腰が痛くなって病院に行きました。お医者さんからは、<u>頸椎捻挫</u>、<u>腰椎打撲</u>との診断を受けました。 |
| Z弁護士 | 今も痛みますか。 |
| Gさん | はい。かなり痛くて、パートを休んでいますし、家事もできないので、実家の母親に来てもらって、手伝ってもらっています。 |
| Z弁護士 | 事故の相手の連絡先や任意保険会社の担当者はわかりますか。 |
| Gさん | はい。相手はHさん、保険会社はI社で担当はJさんです。Jさんの連絡先はこのメモに書いてあります。Jさんが言うには、私の方にも相当な過失があるみたいです。 |

## ⇨ Gさんより事故態様の話を一通り聞いた後

| | |
|---|---|
| Z弁護士 | うーん、お話を聞いた限りでは、Gさんの過失もそれなりに大きい気がしますね。 |
| Gさん | はい。私の方も飛び出してしまいましたので、それはそうか、と思います。先生、私の過失が大きいのに、今後も治療を受けてもよいのでしょうか？ |
| Z弁護士 | はい。過失が大きいからといって、治療を控える必要はありません。健康が第一ですから。まずは体を治すことを優先してください。 |
| Gさん | 私には小さな子どもが3人いて、いつも子ども達の世話や家事でバタバタしています。また、週3回のファミリーレストランでのパートだっていつまでも休むわけにはいきません。私では先方と上手くやり取りできないので、先生に先方との交渉をお願いしてよいでしょうか。 |
| Z弁護士 | (この段階で受けていいのかな？)すみません。Sに確認してみなければわかりませんので、S に確認後、あらためて連絡しますね。 |
| Gさん | はい。あと、子どものことで出費がかさんでおり、先生の費用をお支払いするのが難しそうなのですが、大丈夫でしょうか？ |
| Z弁護士 | ……それもSに確認して連絡しますね。 |
| Gさん | はい、わかりました。それでは連絡をお待ちしております。 |

## ⇨ 翌日

S弁護士　Z君、昨日のGさんの件、どうだった？
Z弁護士　はい。斯く斯く然々で……。
S弁護士　わかった。ところで、この件は<u>人身扱い</u>されているの？
Z弁護士　はい。その点は大丈夫なようです。Gさん、事務所にお見えになる前に、警察署に行ってきて、<u>人身扱い</u>にしてもらったとのことです。
S弁護士　それはよかった。Gさんの環境や性格からすると、こちらですぐに受任した方がよさそうだね。
Z弁護士　はい。
S弁護士　弁護士費用だけど、Gさん、<u>弁特</u>とか入っていないの？
Z弁護士　……確認していません。
S弁護士　あと、Gさんにもそれなりの過失があることは否定できないと思うので、<u>人傷</u>とかも入っていればいいんだけどなあ。
Z弁護士　それも確認していません……。
（数時間後、Z弁護士は<u>弁特</u>、<u>人傷</u>の意味を調べ、Gさんに電話しました）

Z弁護士　S先生。Gさんに連絡したところ、旦那さんが加入している保険に<u>弁特</u>が付いているようですが、<u>人傷</u>までは付いていないそうです。
S弁護士　そうか。では<u>弁特</u>を使って、すぐに受任することにしよう。
Z弁護士　はい。
S弁護士　<u>弁特</u>は、自動車保険に限らず、いろいろな保険に付帯されてたりするからね。また、依頼者自身も加入している保険の内容を全て把握しているわけではないから、<u>弁特</u>に気づいていないこともあるよ。依頼者が加入している保険についてはチェックするようにしないとね。
Z弁護士　はい、以後気を付けます。

## ⇨ 相手方の保険会社担当者とのやり取り

Z弁護士　はじめまして。Gさんの代理人を務めますZです。よろしくお願いいたします。
Jさん　　はじめまして。I社のJです。こちらこそよろしくお願いいたします。早速恐縮ですが、本件はGさんの方にも過失が相当ある事案だと思いますので、<u>自由診療</u>ではなく、<u>保険診療</u>でお願いしたいのですが……。
Z弁護士　？？？　それについては、Gさんと検討したいと思います……（よ

| | |
|---|---|
| | くわからないけど、とりあえず無難に答えておこう）。 |
| Jさん | 是非ご検討ください。あと、こちらの契約者のHさんの車の修理代ですが、<u>車両先行</u>でいきますので、よろしくお願いします。 |
| Z弁護士 | ？？？（何のこと……。） |

（その後、Z弁護士は、Gさんと打合せを行い、<u>自由診療</u>と<u>保険診療</u>について説明を行ったところ、本件ではGさんにも相応の過失が認められることから<u>保険診療</u>で治療を受けることとなりました（『交通事故メソッド』Method 10）参照）。

## ⇨ 事故から3か月が経過したある日のこと

| | |
|---|---|
| Jさん | その後、Gさんの具合はいかがでしょうか？ |
| Z弁護士 | 事故直後の一番辛い時期は脱したのですが、まだまだ頸部や腰部の痛みやだるさ、手の痺れが治まらず、パートも休んでおり、家事も十分にできていない状態です。 |
| Jさん | そうですか。ただ、我々としましては、Hさんの車両の損傷状況や、通院当初の診断書の記載（「加療3週間見込み」との診断書がありました）からして、そろそろコテイの時期ではないかと思っております。そこで、主治医の先生に意見照会しようと考えておりますので、<u>同意書</u>をいただけないでしょうか。 |
| Z弁護士 | Gさんは先程述べた状態ですし、お医者さんからも、まだまだ治療が必要だと言われております。そのため、まだまだ<u>コテイ</u>していないと考えております。<u>同意書</u>については、Gさんと相談してお返事しますね。 |
| Jさん | わかりました。それではご連絡をお待ちしております。 |

（Z弁護士は、Gさんに<u>同意書</u>の提出に関する説明を行い、これをI社に提出することとしました。しかし、その後、I社から連絡があり、Gさんの症状はすでに<u>コテイ</u>している、そのため、今後は治療費等を支払うことはできない旨伝えられました。）

## ⇨ 10か月近く経過した頃

| | |
|---|---|
| S弁護士 | Z君、Gさんの件は、どうなっているかな？ |
| Z弁護士 | Gさんは、事故から14か月後にコテイとの診断を受けました。<u>事前認定</u>を行ったところ、頸部と腰部について、それぞれ第14級9号（局部に<u>神経症状</u>を残すもの）の認定を受けました。現在、Gさんの損害額を計算しています。 |

| S弁護士 | 損害額はいくらなの？ |
|---|---|
| Z弁護士 | まず、治療関係費は合計で80万円です。次に<u>休損</u>ですが、Gさんは、事故から4か月後にどうにか復帰しました。Gさんの毎月のパート収入は6万円です。そのため、6万円×4か月＝24万円です。<u>後遺障害逸失利益</u>ですが……。 |
| S弁護士 | ちょっと待って！　パートの収入しか請求しないつもりなの？　Gさんは、体の痛みが辛くて、主婦業もできていなかったのではないの？　確か、実家のお母さんに手伝ってもらっていると言ってなかった？ |
| Z弁護士 | あっ…… |
| S弁護士 | 専業主婦の場合、<u>主婦休損</u>の基礎収入は、事故発生した年の<u>賃セ</u>の女性の学歴計・全年齢平均賃金を採用するよね。そうすると、本件事故時（平成28年）のそれは376万2,300円だから、月額に引き直すと31万3,525円かな。同じ主婦業をやるのでも、専業主婦の場合は<u>賃セ</u>で、パート主婦等の家事兼業者の場合はパートの実額って、おかしいと思わない？ |
| Z弁護士 | はい。おかしいです。 |
| S弁護士 | 家事兼業者の場合の<u>基礎収入</u>は、パート等の現実の収入額と事故発生した年の<u>賃セ</u>の女性の学歴計・全年齢平均賃金を比較して、高い方を基礎収入とするんだよ。 |
| Z弁護士 | わかりました。そうすると、月額31万3,525円×<u>コテイ</u>までの14か月で約440万円も請求できることになりますね。 |
| S弁護士 | いやいや、まだ話は終わっていないよ。一口に「家事」といっても、その内容はいろいろあるよね。そのため、ある程度の傷害を負っていても、一定の範囲での家事労働を行うことは可能だし、実際に一定の家事を行っていることが多いのではないかな。<br>そのため、時間の経過により損害額が逓減すると考えられることがあるよ。例えば、事故から3か月は100％家事ができなかった、3か月以降6か月までは50％できなかった、6か月以降は20％できなかったという感じかな。特に、<u>神経症状</u>の事案では、このような計算をすることが多いよ。 |
| Z弁護士 | そうだったんですか。 |
| S弁護士 | うん。だから、今回のGさんのように休業期間が長い場合には、どの時期に、どの範囲の家事を行っていたか、できていなかった家事の内容、できない理由をきちんと主張・立証しないとね。 |
| Z弁護士 | わかりました。Gさんから詳しく事情を聞いておきます。 |

| | |
|---|---|
| S弁護士 | 通院慰謝料はどうなっているかな？ |
| Z弁護士 | 本件はむち打ち症で、他覚所見のない場合ですから、『赤い本』の別表Ⅱを使用します。 |
| S弁護士 | そうだね。通院期間は？ |
| Z弁護士 | 通院期間は14か月です。ただ、最初の7か月は週4回の頻度で治療を受けていたのですが（通院実日数は120日）、その後は治療頻度が下がり、週1回の割合で治療を受けてます（通院実日数は30日）。『赤い本』によると「慰謝料算定のための通院期間は、その期間を限度として、実治療日数の3倍程度を目安とする」とのことですので、本件では14か月としてよいのではないかな、と思います。 |
| S弁護士 | うん。ただ、週4回の頻度で通院していた最初の7か月はそのままでよいとして、治療頻度の下がった最後の7か月については、通院実日数（30日）×3＝90日と評価して、7か月＋90日（3か月）＝10か月を通院慰謝料算定のための通院期間と扱われることもあるよ。慰謝料算定も一筋縄ではいかないことを覚えておいてね。 |
| Z弁護士 | わかりました。 |
| S弁護士 | 後遺障害逸失利益はいくらかな？ |
| Z弁護士 | 基礎収入は、先程の賃センの女性の学歴計・全年齢平均賃金で376万2,300円。等級表によりますと、第14級の労働能力喪失率は5％です。 |
| S弁護士 | 労働能力喪失期間はどう考える？ |
| Z弁護士 | 神経症状ですと、症状の消失・軽減する蓋然性や被害者の側が徐々に症状に慣れてくることを理由として、第14級9号に相当するものは5年、第12級13号ですと10年にされることが多いんですよね。Aさんの事案の時に調べました。 |
| S弁護士 | そうだね。もちろん絶対に5年、10年ということではないけども、多くの事案では5年、10年と扱われているよね。 |
| Z弁護士 | 本件でも5年としますと、ライプは4.3295です（年金現価表）。 |

（Z弁護士はGさんの損害額をまとめてI社に請求したところ、I社より回答を受けました。そこで、Gさんと再度打合せを行うことになりました。）

| | |
|---|---|
| Z弁護士 | I社からこのとおりの提案が来ました。 |
| Gさん | 先生、これってどうなんですか？ |
| Z弁護士 | そうですね。症状固定日については事故から6か月後とされていますし、これを前提として通院交通費、傷害慰謝料、休業損害等も算定されています。しかも、通院交通費について、タクシー代は否認されています。傷害慰謝料については、弁護士が介入している事案 |

| | |
|---|---|
| | なのに通院日1日当たり4,200円で計算されていて、少ないかなと思います。 |
| Gさん | なんか納得いかないですね。 |
| Z弁護士 | はい。また休業損害ですが、家事とパートを両立されている点が評価されていません。<u>後遺障害逸失利益</u>についても<u>労働能力喪失期間</u>を3年としており、治療の経過や現在訴えておられる症状からしても、3年は短いように思います。 |
| Gさん | そうですね。金額については先生にお任せします。なるべく賠償金を増やしてください。 |

(Z弁護士は、I社の担当者Jさんと交渉を重ねたが、合意に至らなかった。そのため、Gさんと今後の方針について打ち合わせることとしました。)

| | |
|---|---|
| Gさん | 交渉では平行線ということですね。そうすると、先生、裁判を起こすことになりますか? |
| Z弁護士 | それも選択肢の1つですが、そればかりではありません。 |
| Gさん | と、いいますと? |
| Z弁護士 | はい、<u>紛セ</u>といいまして、<u>交通事故紛争処理センター</u>の利用、民事調停などもあります。 |
| Gさん | どれが私にとって一番有利なんですか? |
| Z弁護士 | 一長一短ですが、訴訟は、裁判上の主張や証明の仕方にも厳格なルールが設けられており、やはり時間がかかります。また、三審制との関係で、和解ができなければ何年もかかることがないともいえません。 |
| Gさん | そうなんですか。そんなに長くかかってしまうのですか。 |
| Z弁護士 | ただ、第一審の途中の段階で、裁判所が心証を示して和解を勧めてくれるケースも多いです。裁判所が常に和解を促してくれるというわけではありませんが、交通事故の訴訟では、一般的な事案と比較して、和解で終えるケースが多いようです。 |
| Gさん | そうなんですか。民事調停はどのようなものなのですか? |
| Z弁護士 | 民事調停も、裁判所における手続きではありますが、公権力が白黒をつけるということではなく、後見的に当事者の話合いを促すというものです。あまり証拠がそろっていないとか、今申し上げたような訴訟のよくない部分を避けたいという理由から利用されることもあります。ただ、Gさんのケースでは、証拠がそろっていないわけではありませんし、弁護士を介入させて保険会社とも協議を重ねてきてそれでも合意に達せず、もう争点や対立軸ははっきりしている |

第1章 用語使用例 ── 3 主婦・むち打ち事案、紛セを利用する?

| | |
|---|---|
| | わけですから、訴訟をお勧めしたいと思います。 |
| Gさん | わかりました。あと<u>紛セ</u>というお話もありましたが、どのようなものなのでしょうか？ |
| Z弁護士 | 裁判所ではなく<u>交通事故紛争処理センター</u>というところで、専門の<u>あっせん弁護士</u>立会いの中で和解<u>あっせん</u>をしてもらいます。話合いによる解決ができない場合には、裁定をしてもらいます。保険会社はその裁定に従うことになっていますので、Gさんが裁定の内容に異存がなければ、解決が図れることとなります。ただ、最初の期日が入るまで裁判所と同じくらい時間がかかるかもしれません。 |
| Gさん | その裁定に私が嫌だと言えばどうなるのですか。 |
| Z弁護士 | 被害者は裁定に拘束されませんので、解決しないで、協議を再開するなり、訴訟提起することなどが必要となります。 |
| Gさん | わかりました。少し考えてみたいと思います。 |

（その後、Gさんは訴訟提起することを選択しました。）

# 4 物損事故への対応・車両の損害を中心に

Gさんの案件を処理するのと並行して、Z弁護士は、初めて物損事故を担当することになりました。依頼者のKさんとのやり取りの中で、略語・業界用語だけでなく、物損事故の被害者の被害感情についても見てみましょう。

## ⇨ Z弁護士、物損事故を甘く見ているようですが……

S弁護士　顧問先のK社長から、物損事故の相談を受けることになったので、君も一緒に話を聞いてもらえない？

Z弁護士　はい、わかりました！

S弁護士　あれ、いつになく積極的だね。

Z弁護士　AさんやGさんの人身事故と比べれば気が楽ですし、簡単そうな気がしています。

S弁護士　（おいおい、大丈夫か？）ジンだと医学的な話も出てきたりして、とっつきにくいこともあるからね。でもブツも、ジンとは別の分野で専門的な知識が結構必要になるから、楽な案件とは限らないよ。ちなみに君は車の運転はするんだっけ？

Z弁護士　学生のときに免許はとったんですが、それからほとんど乗る機会がなくて。Kさんの車は、この前乗って来たときにちょっと見ましたけど、すごく高そうな外車でしたよね。

S弁護士　そうだね。2年くらい前から乗っていたみたいだね。

## ⇨ その後、Kさんが相談に来られました

Kさん　取引先の会社に車で行って、パーキングメーターのところに停めておいたんですよ。用事が終わって戻ったら人だかりができていたんです。何かあったのかなと思って見たら、うちの車にトラックが突っ込んで、車の後ろ半分がグシャグシャになっていました。

S弁護士　それは災難でしたね。でもお怪我がなくて何よりです。それで、こ

|       |                                                                                                                                                              |
| ----- | ------------------------------------------------------------------------------------------------------------------------------------------------------------ |
|       | の事故の件でご相談とは？                                                                                                                                     |
| Kさん  | 相手の保険会社との交渉をお願いしたいと思っています。事故の後、電話が来たのでちょっと話してみたのですが、なんだかいろいろ面倒くさそうで。               |
| S弁護士 | わかりました。我々が交渉を行うことにしましょう。                                                                                                             |
| Z弁護士 | お車は買い替える予定ですか？                                                                                                                                 |
| Kさん  | 気に入ってる車なので、相手の保険で修理費用が出るなら修理してほしいんですよね。                                                                               |
| S弁護士 | でも、お車は購入されてからそれなりに経っていますよね。車の使用年数や損害の程度によっては、時価より修理代の方が高くつくので、経済的全損扱いになる可能性が高いです。 |
| Z弁護士 | （経済的全損？　全損というと、車がスクラップになっちゃったイメージがあるのだけど、違うのかな？）                                                             |
| Kさん  | 経済的全損？？                                                                                                                                                |
| S弁護士 | はい、修理代の方が事故当時の車両価格と買替緒費用の合計額よりも上回ることを経済的全損といって、事故当時の車両価格と買替緒費用の合計額しか賠償請求できなくなってしまうんですよ。 |
| Kさん  | そうなんですか。なんか釈然としませんよね。買替えでも仕方ないとは思っているのですが、新しい車が来るまでの代車料は出るんですよね？　うちの業界って、ハッタリ勝負ということでもないんだけど、「あの社長いい車乗ってるなー」っていうのがお客さんの信用につながるようなところがまだあるので、あまりちゃちな車では客先に行けないんですよ。同等のクラスの車にしてほしいんだけど。 |
| S弁護士 | お気持ちはわかりますが、Kさんのお車のような外国産の高級車の場合は、同程度の高級外車を利用したとしても、国産の高級車の代車料の限度でしか認められにくいです。そのため、保険会社が用意する車は、ワンランク下になると思いますよ。 |
| Kさん  | そうなんですか。これも釈然とはしませんよね。そうだ、車の写真を持ってきたので、見てもらえませんか。                                                           |
| Z弁護士 | （事故車の写真を見ながら）うわー、これは、かなりひどいですね。                                                                                               |
| Kさん  | 業者によると、板金を叩いて直せるところは直して、無理なところはパネル交換をして、塗装の上手い業者でやってもらえば、素人目にはわからないくらいに直せるそうなんですが、修復歴というのが残るらしいですし、プロが見れば事故車だってわかってしまうようです。 |
| Z弁護士 | そうなんですか。                                                                                                                                             |

| Kさん | 事故車というだけで中古屋での値段もだいぶ下がるし、車の資産価値が落ちた感じがします。 |
|---|---|
| S弁護士 | 評価損とか、特にみなし評価損といわれるものですね。損害として請求を検討しましょう。 |
| Kさん | どれくらい時間がかかりますか？ 工場から、あまり長引くと保管料がかかると言われているんです。あと、修理工場まで運ぶレッカー代も立て替えているんですが。 |
| S弁護士 | なるべく早めに保険会社と話を進めるようにします。 |
| Kさん | そういえば、事故の後で警察に行ったら、車体番号がどうとか言っていたけど、ナンバープレートの数字とは違うんですね。 |
| S弁護士 | 車体じゃなく車台番号ですね。 |
| Kさん | あぁそれです。ナンバーは登録している運輸局が変わると一緒に変わるけど、車台番号っていうのは工場で作ったときにエンジンルームの奥に刻印して、基本的に変わらないとか。でも、エンジンルームを見なければいけないのですかね。 |
| S弁護士 | いや、エンジンルームを開けなくても、車検証に書いてあるので大丈夫ですよ。 |

（その後、Z弁護士は修理費用や時価に関する資料を収集し、Kさんと再度打合せを行いました）

| Z弁護士 | やはり全損とするしかないようです。 |
|---|---|
| Kさん | わかりました。仕方がないですよね。車がないと客先に行くのにも差し支えるし、古い車は廃車にして、新しい車を買うことにしますよ。購入諸費用は請求できるのですよね？ |
| Z弁護士 | 今回は問題ないと思いますが、新車を購入する金額が決まったら保険会社に請求します。 |
| Kさん | 廃車費用ってどれくらいかかるんですかね。業者に全部任せるつもりですけど。 |
| S弁護士 | 車を運んだ修理工場から業者を紹介してもらって、見積もりをとってはいかがでしょうか。相手の保険会社に請求する都合もあるので、見積もりはこちらにもコピーを送ってもらえますか。 |
| Kさん | わかりました。あと、調べてみたら、うちでも車両保険に入っていたことがわかったんだけど、この事故で車両保険を使っても、翌年の保険の保険料には影響ないよね？ |
| S弁護士 | いや、この点は、直接保険会社に確認していただいた方がいいと思います。 |

| | |
|---|---|
| Kさん | なんだか、相手の一方的な過失で気に入っている車が壊されたのに、相手に請求できる金額が制限されたりして、こちらが大損している気分です。慰謝料を請求できないのでしょうか？ |
| S弁護士 | 残念ながら、慰謝料請求は難しいと思います。 |

（その後も、S弁護士は、憤るKさんを時間をかけて説得し、最終的にはKさんに納得いただいて、打合せを終えました。打合せを終えた後、Z弁護士は、物損事故を甘く見ていたことを反省し、物損事故についていろいろ調べてみました。）

| | |
|---|---|
| Z弁護士 | （独り言）車を買って維持するのって、お金がかかるなあ。<u>自動車公取協</u>が不当景品類及び不当表示防止法上の規約として定めた自動車公正競争規約というのがあるから、ディーラーから提供される情報は、一応信用できるという前提だけど……。<br>車本体の代金だけでなく、ディーラーに<u>車庫証明手続代行費用</u>を払ったり、納車費用やら購入諸費用もかかる。それに<u>自動車取得税</u>も……本体価格が大きいから、<u>消費税</u>も馬鹿にならない。あ、<u>リサイクル料金</u>も買った時に払うらしいな。<br>買ったら買ったで、駐車場の賃料やガソリン代がかかるし、毎年<u>自動車税</u>、<u>自動車重量税</u>に<u>自賠責保険料</u>もかかってくる。こりゃ若者の車離れも当然だわ。 |
| S弁護士 | 独り言にしては声が大きいんだが。<br>つまりうちの給料が安いと……？ |
| Z弁護士 | そんなことはないです！ |

# 第2章

# 実務の基礎知識

交通事故事案では、単に法律を理解するだけでなく、医療や自動車保険の仕組み等を理解しておくことが不可欠です。そこで、本章では、各種保険、診療記録、自動車について、知っておくと有益な情報をまとめてみました。

# 1 保険の仕組み

交通事故と保険は切っても切り離せない関係です。保険の概略を理解し、視野を広げて相談・受任に臨みましょう。

## ⇨ 人身損害

**自賠責保険（自賠）**

　自賠責保険（・共済）は、自動車事故による被害者の人身損害について、自賠責の支払基準に基づき、自賠責の保険金額（限度額）の範囲内で一定の保障を受けられることを確保し、被害者保護を図ることを目的とする強制保険です。自賠責保険会社は、交通事故証明書の「自賠責保険関係」欄に記載されており、被害者は当該自賠責保険会社より保険金の支払いを受けることができます。なお、物損は対象外です。

　基本保障を確保することが目的とされているものの、上限額が定められていることや、自賠責基準による算定額は低額であるといったイメージから、自賠責保険では十分な賠償を受けられないと懸念されているかもしれませんが（実際にそうであることも少なくはないでしょう）、被害者にも過失がある場合、加害者の過失や因果関係、損害の立証が困難であると見込まれる場合等、事案によっては訴訟提起するよりも自賠責保険の枠内で支払いを受けて解決する方が被害者にとって有利になることもあります（『交通事故メソッド』Method 20 参照）。

**対人賠償責任保険（対人）**

　賠償責任保険は、「被保険者が法律上の損害賠償責任を負担することによって被る損害」、すなわち、賠償すべき相手方の損害をてん補するための任意保険です。

　この中の対人賠償責任保険（対人）は、相手方の人身損害をてん補するものであり、自賠責保険の支払額を超過する損害分をカバーする上積み保険です。そのため、対人賠償責任保険に加入しているのに自賠が切れていた……という場合、自賠責が付保されていたならば支払われたであろう金額については、対人賠償責任保険では支払われません。

　加害者側が対人賠償責任保険に加入し、その任意保険会社が対人対応を行う場合には、被害者（代理人）はまずは任意保険会社との間でのみ示談交渉を行うこ

とが一般的です。保険実務上は、加害者側の自賠責と任意保険会社と別々に支払いを求めなくとも、加害者側の任意保険会社が、自賠責の支払分を含めて一括して損害賠償金の支払いを行う「一括払い」という対応（サービス）を行っているためです（後に、任意保険会社は自賠責保険から回収（求償）します）。

任意保険会社の担当者が1日に何件もの示談交渉（示談代行）を行っているのも当たり前の光景であるように思われるかもしれませんが、弁護士法的にどうなの？　と疑問を抱かれた方は、『交通事故メソッド』Method 19をご一読ください。

また、示談交渉の際、任意保険会社から、赤本基準と異なる基準（任意基準）に基づく賠償案の提示を受けることも多いでしょう。基準の違いについては、『交通事故メソッド』Method 05を参照してください。

### 人身傷害補償保険（人傷）

事故によって人身損害を被った者を被保険者とし、被保険者自身の過失割合にかかわらず、保険約款に定める基準によって算定された損害額（人傷基準損害額）が支払われる保険です。自分が被った人身損害を、自分の保険会社にてん補してもらう、というものです。

相手方に対する損害賠償請求により全ての支払いを受けられればよいのですが、自分にも相当の過失があると考えられる場合、相手方の資力が十分ではないと見込まれる場合等には、実際には相手方に対する請求だけでは十分に損害を回復できないこともあります。その場合、相手方に対する損害賠償請求だけに固執せず、「人傷」という自分の保険を使うことは、被害回復のための有用な手段の1つです。

人傷基準によって算定される損害額は、赤本基準等によって裁判上認められる損害額を下回ることがあり、その差額について、さらに相手方に損害賠償請求を行う余地があります。

保険会社（人傷社）から人傷保険金が支払われると、支払保険金の限度において、被保険者が相手方に対して有する損害賠償請求権が人傷社へ移転します（この保険代位に基づき人傷社が相手方に対して行う損害賠償請求は、保険実務上、求償と呼ばれています）。もっとも、被保険者に過失がある場合、人身傷害補償保険金は、被保険者に生じた損害のうち被保険者自身の過失分に先に充当されると解されています。

人傷の仕組みを理解し、人傷を上手く活用することで、依頼者にとってもより納得感のある解決につながることがあります（『交通事故メソッド』Method 09参照）。

**労働者災害補償保険(労災)・健康保険(健保)**

　業務中の交通事故（業務災害）、通勤中の交通事故（通勤災害）について、被害者は、労災保険によって、療養（補償）給付を受けることができます。労災保険によって療養（補償）給付を受けられる場合には、健康保険を使うことはできませんが（健康保険法55条1項）、これ以外の場合には、健康保険を使うことも可能です（ただし、保険診療の対象外の治療を要するときは、この限りではありません）。なお、前述の人傷を利用する場合、保険約款上、労災や健保といった公的制度の利用等による費用軽減の努力義務が定められていることが多いです。

　労災保険では、損益相殺の対象とならない特別支給金の支払いを受けられたり、過失相殺の場合にも費目間の流用が禁止されていたりするなど、被害者にとってメリットとなる面が多くあります。また、過失相殺や素因減額等による減額が見込まれる事案では、健康保険を使って治療費を圧縮することにより、結果的に被害者自身が手にすることのできる賠償額が増えるというメリットがあると考えられます。

　メリット・デメリットを十分に理解したうえで、労災・健保の利用も忘れずに検討しましょう。

## ⇨ 物的損害

**対物賠償責任保険(対物)**

　対物賠償責任保険は、相手方の物的損害をてん補するための任意保険です。
　加害者側の任意保険会社が対物賠償責任保険の対応を行う場合には、保険実務上、その保険会社のアジャスターが修理費の算定等において重要な役割を果たしています。被害者（車両の所有者）が加害者に対して車両修理費の損害賠償請求を行うという場面では、一般的に、加害者側の保険会社のアジャスターが車両の損害確認を行い、修理工場との間で修理費について交渉し、交渉がまとまれば「協定」する、という流れを経て示談交渉が進んでいくことが多いと思います。「協定」を経ず、相手方に修理費を請求し、訴訟提起することも可能ですが、修理費について争われれば、原則どおり被害者側が立証しなければなりません。アジャスター、協定について、詳しくは『交通事故メソッド』Method 15を参照してください。

　損害賠償の実務上、相手方に対しては、車両修理費と車両時価額のいずれか低い金額を賠償することになりますが、修理費＞時価額である場合にも、時価額を超える修理費の補償を行う対物超過特約が付帯されているときには、時価額を超える分についても支払いを受けられる可能性があります（『交通事故メソッド』Method 19参照）。

#### 車両保険（車両）

　車両保険は、事故によって契約車両に損害を生じた者を被保険者とする保険であり、被保険者の過失割合にかかわらず、被保険者の車両損害に相当する金額が保険金として支払われます。車両保険金が支払われると、その支払保険金の限度内で、被保険者が相手方に対して有する損害賠償請求権が保険会社へ移転します。

　上述のとおり、損害賠償の場面においては、修理費用が被害車両の時価額を下回る場合（分損）には修理費用が被害者の損害となり、修理費用が車両時価額を上回る場合（経済的全損）には車両時価額が被害者の損害となります。

　この考え方は車両保険においても基本的に同様ですが、車両保険の場合、保険契約時に、車両時価額に相当する価額を、保険会社と被保険者の間で協定しておくことが一般的であり、この協定価額が、実際の車両時価額（市場価格）を上回ることがあります。また、「新価保険特約」や「新車買替特約」など、一定の場合に、相手方に対する損害賠償請求では認められることのない新車購入費用を支払ってくれる特約も存在します。そのため、被害車両に車両保険が付保されている場合、相手方に対して損害賠償請求をするよりも、被害者自身の車両保険を使用した方が、被害者の受領額が高額になることがあります。

　なお、車両保険に限った話ではありませんが、保険を使う事故が生じた場合、運転者の等級が下がることによって次年度以降の保険料が増加することも見込まれますので（契約内容によっては、等級が下がってもあまり差額が生じないこともありますし、特約によって等級が保護されることもあります。人傷や弁特のように、等級に影響しないものもあります）、相談の際には、このことも頭の片隅で意識しておく必要があると思います。

## ⇨ 弁護士費用特約（弁特）

　被害者として加害者に損害賠償請求を行うための弁護士費用については、通常は、被害者側の保険会社が負担してくれることはありません。しかし、自分の自動車保険に弁護士費用特約が付帯されていれば、その弁護士費用を、自分の保険会社から保険金として受け取ることが可能になり、近時はこの特約が付帯されるケースが増えてきました。

　交通事故による損害賠償事案を受任する際には、依頼者の経済的負担を軽減するために、弁護士費用特約を使うことができないかどうかを必ず確認するべきです。

## 2 │ 診療記録の読み方 その1

人身損害事故を扱ううえでは被害者の診療記録を検討する場合があります。そこで、診療記録を検討する際に留意すべきポイントについて解説します。

### ⇨ 患者の治療に携わる専門家たち

**診療記録を検討すべき場合**

　傷害や後遺症の内容・程度、症状固定の時期、事故との相当因果関係のある治療の範囲等の事由に争いがない事案であれば、診療記録を取り寄せるまでもなく、自賠責保険の診断書、診療報酬明細書、後遺障害診断書といった、定型的な診療記録（加害者の任意保険会社が保管している資料）を確認するだけで十分対応できるものが多いと思われます。

　しかし、これらの事由に争いがある事案では、自賠責保険の定型的な診療記録だけでは足りず、医療機関から被害者の診療記録を取り寄せて、これに記載されている内容を詳細に検討することが必要となります。

　ただ、一口に「診療記録」といっても、弁護士の多くは医療機関内部における診療過程をきちんと見たことがないため、そこで何が行われたのかを具体的にイメージすることは難しいでしょう。その結果、診療記録を読むことを敬遠している方もいらっしゃるかもしれません。この点、診療記録を検討する際には、周辺知識として、患者の治療に携わる医療専門職の種類や、診療記録の種類について知っておくとよいかと思います。

　そこで、まずは、医療専門職の種類について、簡単に整理します。

**「チーム医療」を理解する**

　医療機関の中では、医師をはじめ、看護師、診療放射線技師、臨床検査技師、臨床工学技士、理学療法士、作業療法士、言語聴覚士、視能訓練士など実に多くの医療専門職の方々が働いており、それぞれの資格で行うことのできる業務が法律によって厳格に区別されています。医師以外の医療従事者のことを「コ・メディカル」と呼び、これらの方々が協力して医療を提供していくことを「チーム医療」と呼びます。

　診療記録を読み解くうえでは、これらの専門職が、それぞれどのような形で医療に携わっているのかという点を把握しておくと、その理解度が高まってくるか

と思います。ここでは、診療記録を読み解くうえで是非とも知っておきたい5つの医療専門職について説明します。周辺知識ではありますが、診療記録を「生きた記録」として読み込むために、是非参考にしてください。

## 医療機関における司令塔〜医師〜

　医師は、「医師法」において定められた資格であり、「医師でなければ、医業をなしてはならない」と定められています（同法17条）。ここでの医業とは、医行為を業として行うことをいい、医行為とは、医師の医学的判断・技術をもってするのでなければ人体に危害を及ぼすおそれのある行為をいいます。なんだかトートロジーのようですが、大雑把にいえば、「業として診断・治療をできるのは医師だけ」ということです。そのため、医療機関では、多くの営みが医師の指示のもとになされています。

　医師の業務について注意しなければならないのは、医療には、消化器科、循環器科、小児科、整形外科、脳神経外科、産科、皮膚科、放射線科、麻酔科、リハビリ科、病理科、救急救命科など30を超える診療科があり、医師の間で高度に専門分化が進んでいるということです。この点、弁護士の場合は、例えば、「交通事故事件が専門」といっても相続事件や刑事事件などその他の事件も担当することが通常かと思います。しかし、医師の場合は、例えば、整形外科の医師は整形外科だけを担当し、他科を担当することは通常ありません。そのため、ある患者が交通事故に遭って救急車で医療機関に運ばれてきた場合を例に挙げると、まず救急救命科のA医師の診療を受け、その後、整形外科に入院してB医師の診療を受け、状態が安定してからリハビリ科のC医師の指導のもとリハビリに励み、退院した後は、外来担当のD医師の診療を受けるといったように、複数の医師の診療を受けることがあります。

　そのような場合、カルテには、どの医師が診察を担当したかわかるように、担当した医師のサインが記載されています。カルテを読んでいると、しばしば、それまでの診断の内容と異なる診断が下されていることがありますが、それは、担当した医師が異なっている可能性がありますので、そのような点にも注意して読まれるとよいと思います。

## 患者にとって、とても身近な存在〜看護師〜

　看護師は、「保健師助産師看護師法」において定められた資格であり、「療養上の世話又は診療の補助」を行うものとされています（同法5条）。「診療の補助」という定義からも明らかなように、看護師は、医師の指示のもとに医療行為を行います。

　なお、准看護師については同法6条に定義があり、医師、歯科医師又は看護師

の指示を受けて療養上の世話又は診療の補助を行うものとされています。このように、法律上「医師→看護師→准看護師」という指示系統が形成されています。

　看護師の業務の特徴としては、誤解をおそれずにいうならば、「患者の生の声を最も身近に聞いている」という点が挙げられるかもしれません。通常、医師は多くの患者を抱えているため、1人ひとりの患者に充てることのできる時間が限られています。そのため、カルテの記載は結論のみを箇条書きにするなど、簡潔な記載に留めていることがしばしばあります。これに対して、看護師は、入院病棟において患者と接する時間が比較的長く、医師の診療の補助に加えて、患者の療養上の世話も行います。深夜に体調の異変を覚えた際に真っ先にやって来てくれるのも看護師です。すると、患者も看護師に対して、自己の苦しみなどを切実に語ることがしばしばあります。そして、看護師は、そのような患者の声を逐一「看護日誌」に書き留めます。そのため、「看護日誌」には、多くの場合、カルテよりも豊富な情報が記載されています。

　例えば、被害者の負った傷害と交通事故の因果関係が問題となる事案において、「事故に遭遇した時期と、症状が発現した時期との時間的近接性」が問題になることがあります。この点、医師が作成したカルテには「足が痺れる」という訴えが記載されていないのに、看護日誌には、患者が「足が痺れる」と訴えていたことが記載されているということもあります。数日に1度ある医師の短い診察の場では特に異変を感じなくても、長い入院生活を送る中で体に異変を感じ、それを看護師に伝えていることがあるということです。カルテの記載を読み込むことはもちろんですが、そこに具体的な症状の記載がないからといって諦めず、看護日誌にも丹念に目を通してみてください。そこにはカルテにはない患者の声が記載されているかもしれません。

**放射線画像撮影のプロ〜診療放射線技師〜**

　弁護士が交通事故事案を扱う際、レントゲン・CT・MRIなど各種画像検査記録に触れる機会が多々あるかと思います。そこで是非とも知っておきたい医療専門職として診療放射線技師があります。

　診療放射線技師は、「診療放射線技師法」において定められた資格であり、医師の指示のもとで「放射線を人体に対して照射」することを業務としています（同法2条2項）。

　「放射線を人体に対して照射」するとは、わかりやすい例でいえば、健康診断で馴染みのある胸部レントゲン撮影をしたり、CT装置でCT撮影をする場合をいいます。これらは、いずれも放射線を人体に照射するものであり、その危険性などに鑑みて専門資格が必要とされているわけです。

　また、診療放射線技師は、現在は業務範囲が拡大され、MRI装置や超音波診

断装置（いわゆるエコー）を使用して検査を行うこともできるとされています（同法24条の2第1号、同施行令17条）。この点、MRI装置は「磁気」を使用しており、超音波診断装置は「超音波」を使用していますので、レントゲンやCTのように「放射線」を使用するわけではありません。そのため、「放射線を人体に対して照射」するという本来の業務範囲からは外れるわけですが、現在はそれらにも業務範囲が拡大されているというわけです。

　ところで、先程、診療放射線技師の業務の定義を述べる際に「医師の指示のもと」という表現を使用しましたが、ここでも、「医師→診療放射線技師」という指示系統が形成されている点に留意してください。読者の方も、病院に行った際、医師の診察を受けた後にレントゲン撮影に誘導されたことがあるかと思いますが、その際、レントゲン撮影は医師とは別の人が担当していたと思います。それは、医師の指示のもと診療放射線技師がレントゲン撮影を担当していたというわけです。

　診療放射線技師は、以上の撮影業務のほかにも、癌患者に対する放射線治療の照射を行うこともあります。ただ、交通事故の被害者に対しては、「撮影」に特化した業務を行っていることが通常でしょう。この点、撮影だけと聞くと、何か単調な業務を行っているように思われるかもしれませんが、そのようなことはありません。例えば、交通事故で被害者が足首を骨折した可能性があるとして、医師が「足首をレントゲン撮影してください」と指示を出したとします。ここで診療放射線技師の出番になるわけですが、足首を撮影する角度などによっては骨折によるヒビが映らないことがあります。そのため、診療放射線技師は、経験や知見を駆使して「この角度だったら骨折が映るだろう」ということを見極めて撮影することになります。まさに診療放射線技師の腕の見せ所といえるでしょう。現在の医療は、画像所見の有無が診断を下すために極めて重要な意味を持っていますので、診療放射線技師の役割は極めて重要です。

　注意点として、診療放射線技師は、CTなどの画像を見て診断を下すこと（「読影」といいます）まではできません（ただし、診療放射線技師も、「読影の補助」はできるものと解釈されています）。最終的な診断を下すのはあくまで医師の業務です。そして、そのような読影を専門的に行う医師を「放射線科医」といいます。そのため、ある程度の規模の医療機関では、「①担当医AがCT撮影の指示を出す→②診療放射線技師BがCT撮影を行う→③放射線科医Cが同画像を読影して所見を報告書に記載する→④担当医Aが同報告書を読んで診療の際の資料とする」という流れで医療が提供されていることがよくあります。交通事故事案でよく見る「CT検査結果報告書」などは、③放射線科医が作成して、④担当医に対して報告されたものです。なお、医師は診療放射線技師と同様に各種撮影を行うこともできますので、小規模の医療機関では、撮影・読影を全て同じ医師が行うこともあります。

### 臨床検査のプロ〜臨床検査技師〜

　臨床検査技師は、「臨床検査技師等に関する法律」で定められた資格であり、医師の指示のもとに、「微生物学的検査、血清学的検査、血液学的検査、病理学的検査、寄生虫学的検査、生化学的検査及び厚生労働省令で定める生理学的検査」といった臨床検査を行うものとされています（同法2条）。医師の診療に必要な各種データを収集する業務といえるでしょう。なお、ここでも、医師の指示のもとに業務にあたることとされており、「医師→臨床検査技師」という指示系統が形成されています。

　ここで、臨床検査には、大別して「検体検査」と「生理機能検査」があります。

　まず、「検体検査」とは、患者から血液、尿、便、骨髄液、生体組織などの検体を採取して、それを科学的・形態学的に検査することをいいます。代表例は、患者から採取した血液を遠心分離機にかけて血液検査を行うような場合です。

　次に、「生理機能検査」とは、患者の脳や心臓の動きを電気的に捉えて波形として表したり（つまり、脳波や心電図の検査のことです）、MRIや超音波で体の内部を画像として表す検査です。MRI検査や超音波検査は、放射線を扱うものではないので、臨床検査技師も扱うことができます。

　「検体検査」と「生理機能検査」は、前者が患者から検体を採取したうえで同検体を検査の対象とするのに対して、後者は患者それ自体を検査の対象にしている点で異なっています。

　豆知識として、臨床検査は、当該医療機関が行うこともちろんありますが、外部の検査機関にアウトソーシングしている例もしばしばあります。代表的な外部検査機関としては、株式会社エスアールエルなどがあります。診療記録を読んでいると、検査報告書の名義が「株式会社○○」などとなっていることがありますが、それは当該医療機関が同検査を同社にアウトソーシングしたということを表しています。

### リハビリテーションのプロ〜理学療法士・作業療法士〜

　理学療法士と作業療法士は、「理学療法士及び作業療法士法」において定められた資格です。

　理学療法士の業務は、「身体に障害のある者に対し、主としてその基本的動作能力の回復を図るため、治療体操その他の運動を行なわせ、及び電気刺激、マッサージ、温熱その他の物理的手段を加えること」とされています（同法2条1項）。つまり、「基本的動作能力の回復」を図ることが主たる業務目的です。

　これに対して、作業療法士の業務は、「身体又は精神に障害のある者に対し、主としてその応用的動作能力又は社会的適応能力の回復を図るため、手芸、工作その他の作業を行なわせること」とされています（同法2条2項）。つまり、「応

用的動作能力又は社会的適応能力の回復」を図ることが主たる業務目的です。
　そして、両者とも、「医師の指示のもとに」業務にあたることとされており、ここでも、「医師→理学療法士・作業療法士」という指示系統が形成されています（同法2条3項、4項）。
　理学療法士や作業療法士は、リハビリテーション記録において、「療法士コメント」として、患者の関節可動域などについて言及している場合がありますので、患者の症状の有無などが争点になっている事案では参照してみてください。

**チーム医療の証**
　以上のとおり、1人の患者に対して医療を提供するにあたっては、医師の指示のもと、さまざまな医療専門職の方々が携わっていることがおわかりいただけたかと思います。
　診療記録を読み解く際には、さまざまな医療専門職の方々が携わっていることを前提に、「この記録は、誰がどのような経緯で作成したのだろうか」という視点をもって臨んでみてください。患者に提供された医療の内容が立体的に理解できるかと思います。

## 3 | 診療記録の読み方 その2

その1では、多くの医療専門職の方々が患者の治療に関与していることを見てきました。そこで、本項では、これらの方々が作成する診療記録について整理していきます。

### ▶ 診療記録の種類は?

**診療録と診療記録**

　診療記録のことを「カルテ」と呼ぶことがありますが、正確には、カルテとは医師が患者から聞き取った症状や、医師の診断内容及び治療方針などを記載する記録のことであり、作成主体は医師です。なお、カルテの法律上の正式名称は「診療録」といいます(医師法24条1項)。
　診療記録には、そのようなカルテのほか、看護師が作成する看護記録や、手術記録、検査報告書、処方箋、診療情報提供書、リハビリテーション記録などさまざまなものがあります。このようにさまざまな種類がある診療記録ですが、これを分類するとすれば、どのような分類ができるでしょうか。

**入院診療録と外来診療録**

　診療記録は、大別して「入院診療録」と「外来診療録」に分けられます。入院病棟と外来病棟は通常は場所が離れていますし、窓口も担当医も異なることがありますので、それに対応して、記録も別々に作成しているのだろうと思います。
　例として、平成29年1月1日に事故に遭って、①同月1日に「入院」して同月10日に退院して、②同年2月1日から同月10日まで「外来」を受診し、その後、③同年3月1日に再度「入院」して同月10日に退院して、④同年4月1日から同月10日まで「外来」を受診した場合を考えます。
　この場合、診療記録の開示請求をすると、通常、入院診療録として①③、外来診療録として②④のように整理されたうえで開示されます。そのため、開示された診療記録の並び順は、「①③→②④」または「②④→①③」となります。なお、各種検査記録については、「①③→②④→各種検査記録」のように、末尾にまとめられていることもあります。
　ここでのポイントは、「診療記録は時系列に並んでいない場合がある」ということです。診療記録を頭から順に読んでいくと、診療経過を時系列で捉えること

が難しい場合がありますので注意してください。

　なお、診療経過を時系列で捉えるためには、診療記録の記載を抜粋した「時系列表」を作成することが有用です。これは医療過誤事案を専門とする弁護士の間では「診療経過一覧表」と呼ばれるものです。医療過誤事案では、「担当医はどの時点でどのような対応をとるべきだったのか」といった過失の有無を検討することになりますので、診療経過を時系列で捉える必要があり、「診療経過一覧表」の作成は必須の作業になります。これに対して、交通事故事案の場合には医療行為の過失の有無は検討しませんが、例えば症状固定の時期を検討する場合には、被害者の愁訴、治療及び診断の内容、医薬品が処方された経過などを時系列で捉える必要がある場合があります。そのような場合は時系列表（診療経過一覧表）を作成することも有用といえるでしょう。

　以下に、各種診療記録の意味や、それを読み解く際の留意点を解説してきたいと思います。

**診療情報提供書**

　診療情報提供書は、ある医療機関が別の医療機関に患者を紹介する場合に作成する書面です。例えば、医療機関Aが患者を救急救命した後に医療機関Bに紹介して入院させる場合、医療機関Aが医療機関Bに対して医療機関Aの医師の所見等を記載した診療情報提供書を作成します。ここで、紹介元である医療機関Aを「前医」、紹介先である医療機関Bを「後医」と呼びます。

　診療情報提供書に記載される医師の所見はサマリー（要約）のような内容になっていますので、前医がどのような考えのもとに医療を提供したのか、紹介時点においてどのような診断をしていたのかについて概要をつかむことができます。

**入院診療計画書**

　入院診療計画書は、「入院中に行われる検査、手術、投薬その他の治療（入院中の看護及び栄養管理を含む。）に関する計画」について記載した書面であり、入院後7日以内に患者又はその家族に交付して説明することを義務付けられた書面です（医療法6条の4第1項4号、同法施行規則1条の5）。

　法定記載事項として「入院の原因となつた傷病名及び主要な症状」を記載することになっていますので（医療法6条の4第7項3号）、担当医が入院当初にどのような診断をしていたのかを知ることができるともいえそうです。しかし、同記載は、あくまでも入院時の暫定的な判断である場合がありますのでご注意ください。入院時は、担当医が得ることができる情報が限られているため、精査は入院後に行うとして、入院診療計画には、「とりあえず考えられる疾患名」を記載しておくことがあり、入院後に精査した結果、入院時とは異なる診断になること

もしばしばあるということです。そのため、入院診療計画書に記載されている傷病名は、あまり重視しすぎない方がよいかもしれません。

### カルテ（診療録）

　カルテとは医師が患者から聞き取った症状や、医師の診断内容及び治療方針などを記載する記録のことです。先程述べたとおり、通常、入院診療録と外来診療録は別々に作成されていますので、診療経過を時系列で捉えようとする場合にはご注意ください。

　カルテの記載の方法は医師によってまちまちですが、SOAP（ソープ）という記載方法をとっていることがしばしばあります。「SOAP」とは問題指向型の診療録記載方法の1つであり、S（Subject）は患者の主訴や病歴などの「主観的情報」を、O（Object）は診察・各種検査から得られた「客観的情報」を、A（Assessment）はSとOの情報に対する「評価」を、P（Plan）はSOAをもとに考えた「治療方針」を指します。

　なお、カルテのサマリーが作成されていることもありますので、もしサマリーがある場合には、まずはそこから読んで担当医の所見の概要をつかむことも有用でしょう。

　最後に、カルテには、「紙カルテ」と「電子カルテ」があります。町のクリニックなど小規模の医療機関では現在も手書きカルテを利用していることがよくありますが、ある程度の規模の医療機関になると電子カルテを利用していることが通常です。

　「紙カルテ」のデメリットは、記載されている字が読めない場合があることです。この点、アルファベットの単語については、当初は何と書かれているか全くわからなくても、医学的知見を集めた後に読むと、ある程度推測できることがしばしばあります。どうしても判読不能な文字に関しては、当該医療機関に何と書いているかを教えていただくことになります。

　「電子カルテ」の場合は、紙カルテのように文字を判読できないということはないのですが、もともと紙媒体に印刷することを想定してシステムを設計していないため、紙に印刷すると膨大な印刷量になったり、情報が重複して記載されていたり、そもそもどのような意味で当該記載があるのか理解できないということがあります。丹念に読み込んで、医師の所見などを拾うように努めてください。

### 看護記録

　看護記録は通常は入院診療録のみに編さんされており、「看護計画書」や「看護日誌」などがあります。

　「看護計画書」は、当該患者に対して看護を提供するにあたっての問題点やそ

れに対する目標（看護によって患者がどのような状態になることを目指すか）、観察すべき点、看護の方法などが記載されています。これを読むことによって、看護師がどのような姿勢で当該看護にあたっていたのかをおおまかにつかむことができます。

「看護日誌」は、実際に看護にあたった看護師が、患者の訴えや症状、それに対してどのような看護をしたかを記載するものです。看護日誌の記載の重要性については、その1で述べたとおりです。

なお、看護サマリーがある場合は、まずはそれを読むと、患者に提供された看護の内容や患者の症状の概要などがつかめますので、参考にしてみてください。

**温度板**

温度板とは、体温や血圧などのバイタルサインや患者の症状などを、グラフと表で経時的に示したもので、医療機関によっては経過表や経過記録と呼ぶ場合もあります。例えば、四肢の痺れの有無や運動機能について記載されていることもありますので、被害者の症状の推移が争点になっている場合は、参照してください。

**検査報告書**

検査報告書には、血液検査結果報告書や尿検査結果報告書をはじめとしてさまざまなものがあります。交通事故案件でここまで参照することはあまりないようにも思いますが、これらを読むことによって、その時々の患者の状態を把握することができます。検査結果の項目については略語で記載されていることが通常ですので、『Patient profile 理解のためのカルテの読み方と基礎知識〈第4版〉』（長澤紘一＝村田正弘監修・吉岡ゆうこ＝塚田弥生編著、じほう、2007年）などを参照しながら読み進めるのがよいと思います。

**画像診断結果報告書**

画像診断結果報告書は、多くの場合、放射線科医がレントゲン・CT・MRIなどの画像を読影して、その読影結果を担当医に報告するものです。

注意すべき点としては、画像を読影する医師は、あくまで画像に何が映っているかを判断するのであり、そもそも画像に映っていないことに関しては判断できないということです。例えば、MRI画像は、患者の体を輪切り（スライス）にして撮影していくものですが、スライスの位置によっては、映るべき損傷部位が映っていない（または見えにくい）ことがあります。その場合、画像診断結果報告書には損傷があるとは記載されないのですが、記載がないからといって損傷がないと断定することもできないでしょう。別のスライスで撮影していれば損傷が映っていた可能性もあるということです。

### 手術記録

　手術記録には、執刀医が記載する「手術所見」、担当看護師が記載する「術中記録」、麻酔科医が記載する「麻酔記録」があります。

　このうち、「手術所見」には、術前・術後の診断内容、執刀医が術中に観察した患者の体内の状態や手術の詳細な内容などが記載されています。

### 診断書

　一般的な診断書には、疾患名、経過の概要、加療期間などが記載されています。保険会社に宛てた保険給付の資料のための診断書には、さらに詳細な内容が記載されており、自賠責保険の診断書の書式もその一例といえます。

### リハビリテーション記録

　リハビリテーション記録には、「リハビリテーション総合実施計画書」と「リハビリテーション日誌」などがあります。同計画書にはリハビリに臨むにあたっての問題点や方針などが記載され、同日誌にはリハビリの際の患者の状態、様子などが記載されています。理学療法士・作業療法士が記載する「療法士コメント」が参考になることは、その1で述べたとおりです。

# 4 | 診療記録の読み方 その3

その1とその2で、医療機関の専門職の方々や、診療記録の種類についてご理解いただけたと思います。そこで、本項では、診療記録の取り寄せ方や、診療記録を読み解くうえで参考にすることとなる医療文献等について述べていきます。

## ⇨ 診療記録を取り寄せる

**診療記録の取り寄せ方**

　診療記録はどのようにして取り寄せればよいのでしょうか。

　一般的に、訴訟提起前であれば、①証拠保全、②加害者の任意保険会社に対して同社が保有している資料の写しの提供を求める方法、③被害者が医療機関に請求する方法（いわゆる任意開示請求）があり、訴訟提起後であれば、④文書送付嘱託を申し立てる方法があります。

　このうち、①証拠保全は、医療過誤が疑われる場合で、任意開示を請求するとカルテが改ざんされてしまうおそれがある場合に行うものです。もっとも、交通事故事案の場合は、交通事故と医療過誤が競合しているような特殊な事案でない限り、医療機関が診療記録を改ざんする動機がありませんので証拠保全を用いる場面は極めて少ないものと思われます。そして、傷害や後遺症の内容・程度、症状固定の時期、事故との相当因果関係のある治療の範囲等の事由に争いがない事案であれば、自賠責保険の診断書、診療報酬明細書、後遺障害診断書といった定型的な診療記録について、②任意保険会社から提供を受けるだけで事案の解決を図れることが多いと思われます。

　他方で、これらの事由に争いがある事案においては、カルテや看護記録等まで検討する必要が生ずるのですが、任意保険会社がこれらの診療記録まで保有しているケースは少ないと思われます。そのため、このような場面においては、医療機関に対する③任意開示請求または④文書送付嘱託の申立てを行うこととなります。

**任意開示請求の方法**

　任意開示請求は、通常は、代理人が郵送で行うことができます。必要な書類は、一般的には、①申請書、②カルテ開示に関する委任状、③弁護士の身分証明書の写しです。

ただし、医療機関によっては、当該医療機関所定の申請書でないと請求を受け付けないというところもあります。そのような場合は当該医療機関所定の申請書を用いることも検討してみてください。

申請書には、通常、患者の氏名、生年月日、住所といった患者を特定するための情報のほか、①開示を希望する診療記録の種類（カルテ、看護記録、画像データなどの区別）や、②開示を求める診療記録の期間（例えば、平成〇〇年〇月〇日〜平成〇〇年〇月〇日までの外来記録）などを記載します。

①については、「およそ全ての診療記録（画像データを含む）」と記載すれば、通常は当該医療機関が保有している全ての診療記録を対象とすることができます。この点、取得したい診療記録にある程度「あたり」がついている場合は当該記録を特定して記載すればよいのですが、どのような記録があるのかわからない場合には、依頼者に説明のうえ、とりあえず全ての診療記録を取り寄せるということも検討してみてください。

②についても、先程と同様に「およそ全ての診療記録（画像データを含む）」と記載して特に限定をつけない場合は、請求対象となる期間は「患者が当該医療機関を初めて受診した日から現在まで」ということになります。そのため依頼者が当該医療機関に交通事故以前から通っていたような場合は、交通事故とは全く関係のない診療記録も対象になってしまいます。そのような場合は、不要な診療記録が膨大に出てきてしまって開示費用（実費）が無駄にかかってしまうおそれがありますので、開示を求める期間を限定することを検討してみてください。

開示までに要する期間は医療機関によってまちまちですが、概ね申請から数週間程度です。

開示費用は、実費相当額を徴収されることが通常です。白黒コピー1枚当たり10円〜、カラーコピー1枚当たり30円〜、画像データCDR1枚1,000円〜などの費用設定が一般的です。診療記録は、入院期間が長期にわたっていると電子カルテで1000枚を超えてしまうようなこともありますし、実費相当額として白黒コピー1枚当たり100円などの請求をされることもあります。請求されてから驚かないように、事前に費用の見積もりをお願いしておくとよいと思います（筆者の場合は、診療記録の開示申請書に、あらかじめ「開示費用がどの程度になるか事前にご連絡くださいますよう、お願いいたします」などと記載しています）。

### 「開示しない」と言われたらどうするか

医療機関によっては、「訴訟利用目的の場合は診療記録を開示しない」として開示を拒否する場合もあります。このような場合、どのように対応すればよいでしょうか。

診療記録の開示については、厚生労働省が『診療情報の提供等に関する指針』

を定めています。そこでは、7項において「医療従事者等は、患者等が患者の診療記録の開示を求めた場合には、原則としてこれに応じなければならない」としており、8項において「診療情報の提供を拒み得る場合」として、「①診療情報の提供が、第三者の利益を害するおそれがあるとき」と、「②診療情報の提供が、患者本人の心身の状況を著しく損なうおそれがあるとき」を挙げています。この例外事由は限定的に解釈されており、①の例としては「患者の状況等について、家族や患者の関係者が医療従事者に情報提供を行っている場合に、これらの者の同意を得ずに患者自身に当該情報を提供することにより、患者と家族や患者の関係者との人間関係が悪化するなど、これらの者の利益を害するおそれがある場合」、②の例としては「症状や予後、治療経過等について患者に対して十分な説明をしたとしても、患者本人に重大な心理的影響を与え、その後の治療効果等に悪影響を及ぼす場合」が挙げられています。この点、「訴訟利用目的」であることは、①②のいずれにもあたりませんので、医療機関は、それを理由として開示を拒否することはできないことになります。

司法の判断に目を向けてみれば、東京地判平成23年1月27日判タ1367号212頁〔28181037〕は、「診療契約に伴う付随義務あるいは診療を実施する医師として負担する信義則上の義務として」診療記録を開示する義務があることを判示し、合理的な理由なく診療記録の不開示を続けたことに対して慰謝料の支払いを命じました。

どうしても開示しないと言い張る医療機関がある場合には、上記指針や裁判例などを説明して、開示するよう説得していくことになるでしょう。

## 文書送付嘱託の方法

訴訟提起後であれば、通常の民事訴訟案件と同様、文書送付嘱託により診療記録を取り寄せることができます。傷害や後遺症の内容・程度、症状固定の時期、事故との相当因果関係のある治療の範囲等といった事由については被害者側に立証責任がありますので、被害者側が文書送付嘱託を申し立てることになりますが、交通事故訴訟においては、加害者側（任意保険会社側）が文書送付嘱託を申し立てたうえ医療機関より診療記録を取り寄せ、取り寄せた診療記録に翻訳を付して、証拠として提出するという運用が為されています（もちろん、被害者の側で文書送付嘱託を申し立てることが否定されるわけではありません）。

このような運用は、診療記録の取得・翻訳を加害者側（任意保険会社側）で行うことにより、被害者側の負担が軽減されるという配慮によるものと説明されています（そのため、加害者側が任意保険に加入していないような場合には、加害者側による診療記録の取得・翻訳は期待できません）。

文書送付嘱託がされる場合であっても、医療機関より被害者の同意書の提出を

求められることがあります。また、加害者側が、取得した診療記録に基づき、被害者側の主張を反ばくするための意見書を提出することもあります。被害者（依頼者）の方の中には、このような医療機関や加害者側の行為に驚かれる方もいらっしゃいますので、事前に説明しておくことが必要です。

## ⇨ 医学文献について

　交通事故案の中には、解決にあたり、『赤い本』下巻の講演録、『必携』等のいわば定番の書籍を読み込むだけでは足りないものも存在します。そのような場合、医学文献を読み込むことが不可欠となります。

　そこで、少しマニアックになりますが、医学文献について述べたいと思います。

　医学文献は、大別して正書と医学論文に分けられます。

　「正書」とは、いわば教科書のようなもので、標準的な医学的知見を収集したい場合などに適しています。代表例は医学書院から発刊されている『標準医学』シリーズです。『標準医学』シリーズは医学生向けに基礎的な事柄を網羅した教科書で、診療科別に発刊されています。法律の言葉が一般の方にとっては理解しづらいことと同様に、医学の素人である弁護士が医学的知見を収集するにあたって最初にぶつかる壁が医学特有の「言葉」です。そこで、初めに『標準医学』シリーズなどの基本的な教科書を参照して基礎的な言葉や事柄を把握し、その後に、各論的な内容についてさらに深く文献検索をしていくという方法が有用でしょう。

　また、人体の構造（解剖）がわかっていないと医学文献に記載されている内容を理解することは難しいため、必ず解剖に関する文献を座右に備えるべきでしょう。解剖に関する文献としては、概説書として講談社から発刊されている『新版からだの地図帳』（佐藤達夫監修、2013 年）、詳細なものとして医学書院から発刊されている『プロメテウス解剖学アトラス』シリーズなどがあります。なお、最近では、Visible Body から提供されている『ヒューマン・アナトミー・アトラス』など解剖に関する電子版アプリケーションもあります。電子版アプリケーションは、パソコン画面上で人体を任意に動かすことができるなど、人体の構造を立体的に把握することに適しています。解剖学に苦手意識のある方は利用を検討してみてください。

　以上に対して、「医学論文」は、特定の疾患に関する病態や治療方法を解説したり、症例報告を行ったりするもので、特定のテーマに関しては正書よりも詳細な内容が記載されていることがしばしばあります。例えば、患者が通常の経過とは異なる経過を辿っていることにより交通事故との因果関係が争点になる事案では、当該患者と同じような症例報告がないかといったことを調査する際などに有用です。

医学文献の収集方法としては、都内近郊であれば、東京弁護士会・第二東京弁護士会合同図書館、東京大学医学部図書館、慶應義塾大学信濃町メディアセンターに蔵書があります。東京弁護士会・第二東京弁護士会合同図書館は、大学の図書館に比べて蔵書が少ないという側面はあるものの、それでもかなりの数の正書がそろえられています。1枚当たりの白黒コピー費用は、東京弁護士会・第二東京弁護士会合同図書館が20円、東京大学医学部図書館が10円、慶應義塾大学信濃町メディアセンターが100円です（平成29年11月現在）。

　医学論文の収集については、医学中央雑誌刊行会が提供している『医中誌パーソナルWeb』を用いて検索する方法が一般的です。これは月額制の有料サービスで、さらに、目当ての論文を取り寄せるために1論文当たり500円程度の費用が別途かかりますが、文献収集を自身のパソコン上で行えるというメリットがあります。なお、同サービスでは、デフォルトの検索対象に「会議録」が含まれていますが、「会議録」に有用な情報が記載されていることは稀ですので、筆者の場合はあらかじめ検索対象から除外しています。『医中誌パーソナルWeb』は有料サービスですが、国立国会図書館に行けば無料でこれを利用することができますので、参考にしてみてください（ただし、無料なのは検索サービスのみです。文献謄写費用はかかりますのでご注意ください）。

## ⇨ 主治医にも協力をお願いしよう！

　前述した診療記録や医学文献を読み込んでも、医学の素人である弁護士が実際の患者の臨床経過等を検討することには限界があります。そのため、主治医（場合によっては主治医以外の協力医）に意見を伺い、事案によっては意見書作成等の協力をお願いするのが適切といえます。

　医師と面談を行うにあたっては、被害の実相や争点となっている部分について十分に説明することが必要です。医学的知識が全くないままに医師面談に赴くと、医師が何をおっしゃっているのか理解できませんし、そもそも医師からすれば何を質問されているのかがわからないという事態に陥りがちです。そのため、医師面談に際しては、基礎的な医学的知見について（不十分ながらも）理解しておくように努めてください。ただし、当然ですが「知ったかぶり」は厳禁です。あくまで自分は医学の素人であるということを忘れず、謙虚に教えを乞うという姿勢で臨むべきです。

　詳細は、『交通事故メソッド』Method 12をご確認ください。

# 5 | 物損事故のあれこれ

物損事故は、当事者双方が被害者意識を持っているため、感情的な対立が激しい紛争類型であることを念頭に置いて、相談・受任に臨みましょう。

## ▷ 過失割合

**事故態様**

　物損事故において最も激しく争われるのが過失割合です。人身事故の場合、受傷の有無によって被害者と加害者が区別されるため、当事者は、どちらが被害者として扱われ、どちらが加害者として扱われるかを明確に認識できますが、物損事故の場合、お互いに車両に損傷を受けているため、当事者双方が被害者意識を持っていることが一般的です。

　お互いに被害者であると認識している状況において、被害者と加害者を区別する唯一の基準は過失割合であるため、過失割合が激しく争われることになり、感情的に激しく対立して、法廷で怒鳴り合いになるようなケースも散見されます。

　実務上、過失割合は、『判タ』や『赤い本』などに記載された事故態様によって判断されているため、物損事故においては、事故態様が決定的な意味を持っており、どのような事故態様であったのかを入念に聞き取り、調査する必要があります。

　よくある相談内容は、自分の車両が停止していたところへ相手方車両が接触してきたのだから、相手方が100％悪い、というものですが、ドライブレコーダーや防犯カメラの映像がない限り、自らの車両が停止していたことを立証することは困難であり、受任に際しては、0：100で解決できる可能性はあまり高くないことを十分説明しておく必要があります。

**資料の収集**

　事故態様を判断するための資料としては、保険会社のアジャスターが作成した損傷状況の報告書、物件事故報告書、ドライブレコーダーの画像、近隣の防犯カメラの映像、事故現場の写真、当事者の陳述書などが考えられます。

　近年は、ドライブレコーダーが普及してきたため、ドライブレコーダーの画像が存在していれば、有力な証拠となりますが、後方や側方が写っていない場合も

あるため、注意が必要です。

保険会社のアジャスターが作成する損傷状況の報告書は、損傷の入力方向や損傷の程度などに言及されていることから、事故態様を判断する重要な証拠となります。

また、事故現場に臨場した警察官が作成する物件事故報告書には、事故現場における当事者からの聞き取り内容に基づく事故状況図が記載されているため、事故直後の記憶として、信用性が高いと考えられています。

裁判所の審理においては、これらの資料が特に重視されており、これらの資料に抵触する主張は排斥される可能性が高くなります。

そのため、可能な限り早期に、これらの資料を収集して、依頼者と打合せのうえで、どの程度の過失割合を主張するのか明確にしておくことが必要となります。

## ⇨ 分損と全損

**分損**

分損とは、修理費用が、事故直前における車両時価額を下回るために、修理費用をもって損害額とする場合のことです。

分損の場合、通常は、加害者側の保険会社のアジャスターが、事故車両の損傷状況を確認したうえで、修理工場との間で、適切な修理内容と修理費用について交渉し、修理費用に合意したうえで（これを「協定」といいます）、保険会社から修理工場へ、直接、協定金額を支払うという流れになります。

損傷部分を塗装するのか部品を交換するのかといった意見の対立によって、修理内容について合意に至らず、協定ができない場合や、被害者が修理を先行させたような場合は、修理工場の見積書や領収書に基づいて損害額を算定することになりますが、相手方がこれを争うときは、修理内容や修理費用が適切であることを立証する必要があります。

**全損**

全損には、物理的全損と経済的全損があります。

物理的全損は、事故によって、自動車が物理的に破損し、修復不可能な状態になることをいい、事故直前の車両時価額から事故車両の売却代金（スクラップ代）を控除した差額が損害額となります。

経済的全損とは、修復は可能であるものの、修理費用が、事故直前の車両時価額を上回ることをいい、修理費用の賠償は認められず、事故直前の車両時価額が損害額となります。

いずれも、事故直前における車両時価額が問題となりますが、『レッドブック』、

『イエローブック』、『シルバーブック』といった書籍に記載された価格や、中古車販売サイトに掲載された価格を参考にしながら、時価額を算定することになります。

## 修理の要否

人身事故においては、実際に通院して治療費を負担しなければ、治療費の賠償が認められることはありませんが、物損事故においては、実際に修理をしなくても、修理費用の賠償が認められます。

そのため、損害額の立証は、領収書がなくても、見積書で足りることが多いですし、賠償金の支払いを受けたからといって、修理を行わなければならないわけではありません。

## 自動車保険の使用

### 車両保険

物損事故で問題となる保険契約として、車両保険、対物賠償責任保険、弁護士費用特約などがあります（本章「1 保険の仕組み」を参照）。

車両保険は、事故によって自らの車両に生じた損害をカバーすることができる保険であり、これを使用することによって、早期に損害額を回収することができますが、保険を使用すれば、保険等級が下がり、翌年以降の保険料が高額になるというデメリットがあります。また、車両保険の保険料自体が比較的高額ということもあり、もともと未加入の人も多く存在しています。

### 対物賠償責任保険

対物賠償責任保険は、相手方の物的損害をてん補するための保険です。これを使用することによって、相手方への賠償金の支払いを免れることができますし、保険会社が示談代行を行ってくれるので、自らは相手方と交渉する必要がありません。もっとも、これについても、保険を使用すれば、保険等級が下がり、翌年以降の保険料が高額になるというデメリットがあります。

### 弁護士費用特約

弁護士費用特約は、被害者が加害者に損害賠償請求を行うための弁護士費用を補償する特約です。被害事故であることが必要ですが、物損事故は、どの当事者も自らが被害者であると認識していることや、弁護士費用特約を使用しても保険等級は下がらないため、当面は、車両保険や対物賠償責任保険を使わずに、弁護

士費用特約を使用して弁護士に交渉を委任し、望ましい結果にならなかったときは、やむを得ず、車両保険や対物賠償責任保険を使用するという利用の仕方が増えています。

　使い勝手のよい特約ですが、契約者自身が弁護士費用を負担しないため、上訴への抵抗感が少なくなり、強硬な訴訟対応になりやすいという指摘がなされています。

　なお、近年では、「新価保険特約」「新車買替特約」といった新車購入費用の支払いを受けられる特約も存在しているため、受任に際しては、相談者の保険の内容を十分に検討し、等級が下がることによる保険料の上昇額も考慮に入れたうえで、最も利益の大きい方法を選択する必要があります。

## 6 自動車の種類

### ▷ 道路運送車両法

| 種類 | | | 自動車 | | | | |
|---|---|---|---|---|---|---|---|
| | | | 普通自動車 | 小型自動車 | | | 軽自動車 |
| 代表的な自動車 | | | バス<br>トラック<br>乗用車 | 小型トラック<br>小型乗用車 | 三輪トラック | 大型オートバイ | 軽トラック<br>軽乗用車 |
| 構造 | 車輪数 | | 4以上 | 4以上 | 3 | 2 | 3以上 |
| | 大きさ(m) | 長さ | 四輪以上の<br>小型自動車より<br>大きいもの | 4.7以下 | 三輪の<br>軽自動車より<br>大きいもの | 二輪の<br>軽自動車より<br>大きいもの | 3.4以下 |
| | | 幅 | | 1.7以下 | | | 1.48以下 |
| | | 高さ | | 2.0以下 | | | 2.0以下 |
| | エンジンの総排気量(cc) | | 同上 | 660をこえ<br>2,000以下<br>※注3 | 660をこえる | 250をこえる | 660以下 |
| 検査 | | | ○ | ○ | ○ | ○ | ○ |
| 登録 | | | ○ | ○ | ○ | × | × |
| 届出 | | | × | × | × | × | × |
| 強制保険 | | | ○ | ○ | ○ | ○ | ○ |

(出典:一般財団法人自動車検査登録情報協会 ホームページ(https://www.airia.or.jp/info/system/02.html)より引用)

### ▷ 道路交通法

道路交通法の「自動車等の種類」と「第一種免許の種類」は、(免許取得後の法令の改正で、自動車の種類が新設・変更されたような場合を除いて)対応する関係にある。

| 種類 | 自動車 | | | |
|---|---|---|---|---|
| | 大型自動車 | 中型自動車 | 準中型自動車 | 普通自動車 |
| | 車両総重量<br>11トン以上、<br>最大積載量<br>6.5トン以上<br>または<br>乗車定員<br>30人以上の<br>自動車 | 車両総重量<br>7.5トン以上11トン未満、<br>最大積載量<br>4.5トン以上6.5トン未満<br>または<br>乗車定員<br>11人以上30人未満の<br>自動車 | 乗車定員<br>11人未満で、<br>車両総重量<br>3.5トン以上7.5トン未満<br>または<br>最大積載量<br>2.0トン以上4.5トン未満<br>の自動車 | 乗車定員<br>11人未満で、<br>車両総重量<br>3.5トン未満<br>かつ<br>最大積載量<br>2.0トン未満の<br>自動車 |

(出典:一般財団法人自動車検査登録情報協会 ホームページ(https://www.airia.or.jp/info/system/02.html)に基づき最新の法改正を反映した)

日常用語で「自動車」や「バイク」と一括りに呼ばれる車両も、
法令上はさまざまな種類があり、
運転に必要な免許や交通上の規制等が異なっています。
対象車両の種類を正確に把握することは、事件を検討する際の出発点となります。

| | | 小型特殊自動車 | | 原動機付自転車 | |
|---|---|---|---|---|---|
| | 大型特殊自動車 | 農耕作業用 | 荷役運搬・土木建設作業用 | 第1種原動機付自転車 | 第2種原動機付自転車 |
| オートバイ | ロードローラーブルドーザー | 農耕用トラクター ※注1 | フォークリフトショベルローダー ※注2 | ミニバイク | バイク |
| 2 | 制限なし | 制限なし | 制限なし | 制限なし | 2 |
| 2.5以下 | 制限なし | 制限なし | 4.7以下 | 2.5以下 | 2.5以下 |
| 1.3以下 | 制限なし | 制限なし | 1.7以下 | 1.3以下 | 1.3以下 |
| 2.0以下 | 制限なし | 制限なし | 2.8以下 | 2.0以下 | 2.0以下 |
| 125をこえ250以下 | 制限なし | 制限なし | 制限なし | 50以下 | 50をこえ125以下 |
| × | ○ | × | × | × | × |
| × | ○ | × | × | × | × |
| ○ | × | × ※注4 | × ※注4 | × ※注4 | × ※注4 |
| ○ | × | × | ○ | ○ | ○ |

※注1.最高速度35km/h未満のものに限る　※注2.最高速度15km/h以下のものに限る
※注3.軽油、天然ガスを燃料とする自動車については、総排気量の基準の適用はない
※注4.原動機付自転車等については、道路運送車両法上の届出義務はないが、条例により市区町村へ届出て、
　　　ナンバープレート（標識番号標）をつけることになっている

| 大型自動二輪車 | 普通自動二輪車 | 大型特殊自動車 | 小型特殊自動車 | 原動機付自転車 |
|---|---|---|---|---|
| 総排気量400ccをこえる二輪の自動車 | 総排気量50ccをこえ400cc以下の二輪の自動車 | 小型特殊自動車の規格をこえるもの | 長さ4.7m以下 幅1.7m以下 高さ2.0m以下 総排気量1,500cc以下 最高速度15キロ以下 ※注 | 二輪のもの及び総理大臣が指定する三輪以上のもの（車室がなくかつ輪距50cm以下及び側面が開放されている車室を備え、かつ輪距50cm以下）50cc以下その他のもの20cc以下 |

※注．ヘッドガード等を備えた自動車でヘッドガード等を除いた部分の高さが2.0m以下のものについては、2.8m以下。

第2章　実務の基礎知識 ── 6 自動車の種類

## 7 車のパーツの名称

### 車（前面）

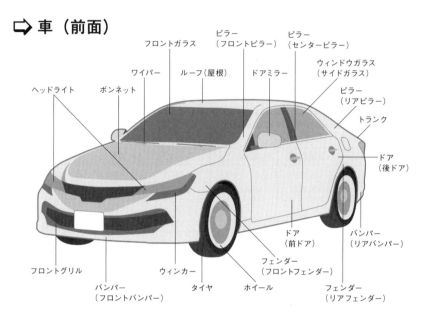

### 車（背面）

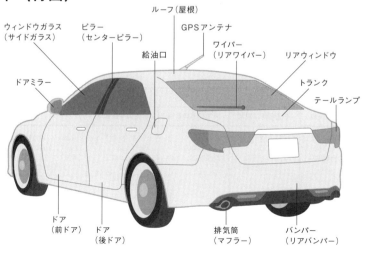

## ⇨ 車（骨格／フレーム）

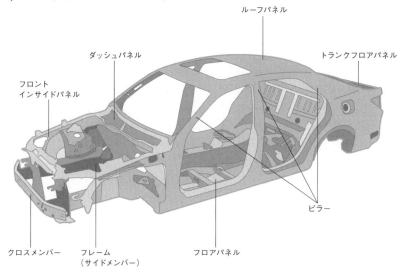

## ⇨ バイク

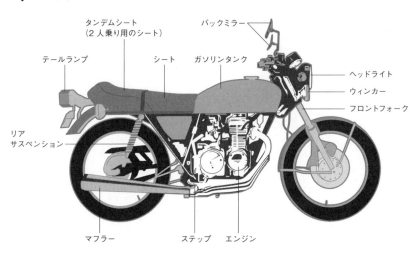

# 第3章 用語集

本章では、交通事故事案の実務で使われている実務用語や略語を13の項目に分けて整理し、用語の意味に加え、注意すべきポイントについて簡易な解説を付しました。聞き慣れない用語に出くわしても焦ることなく対応しましょう。

# 事故の発生・日時・場所関係

## 安全地帯（安全地帯徐行義務）
【アンゼンチタイ（アンゼンチタイジョコウギム）】
路面電車に乗降する者もしくは横断している歩行者の安全を図るため道路に設けられた島状の施設または道路標識及び道路標示により安全地帯であることが示されている道路の部分をいいます（道交法2条1項6号）。車両の進入は禁止されており（同法17条6項）、進行方向の安全地帯上に歩行者がいる場合には車両に徐行義務が課されます（同法71条3号）。

## 異時共同不法行為
【イジキョウドウフホウコウイ】
被害者に対し、発生時期の異なる複数の交通事故により、同部位を負傷させた場合をいいます。自賠責保険の扱いでは、第2事故が発生した時点で、第1事故による支払いは打ち切られ、第2事故の自賠責保険が適用されることとなります。ただし、後遺障害の等級認定に関しては、双方の自賠責保険会社に申請することができます。また、第2事故の自賠責保険からの損害賠償額等の支払いが限度額に達している場合で（例えば、限度額120万円の支払いを受けている場合）、第1事故の自賠責保険からの支払いが限度額に達していない場合（例えば、限度額120万円のうち、80万円しか支払いを受けていない場合）には、再度、第1事故の自賠責保険に対して請求をすることができます（上記の例でいうと、40万円を請求することができます）。

## 追越し
【オイコシ】
ある車両が他の車両等に追い付いた場合に、①その進路を変えてその追い付いた車両等の側方を通過し、かつ②当該車両等の前方に出ること（道交法2条1項21号）をいいます。進路を変えずにその追い付いた車両等の側方を通過する場合は、「追抜き」であって「追越し」にはあたりません。なお、過失相殺の場面においては、上記②の要件について、さらに進路を変更して当該車両等の前方に

出ることとしており、2度の進路変更をする場合のみを「追越し」と扱っています（別冊判例タイムズ38号『民事交通訴訟における過失相殺率の認定基準〈全訂5版〉』2014年）。
追越しの方法や、追越しが禁止される場所及び状況並びに追い越される側の義務は、法律で定められています（同法27～32条）。

## 追抜き
【オイヌキ】
進路を変更しないで前方を走行する車両等の側方を通過して、当該車両等の前に出ることをいいます。

## 共同不法行為
【キョウドウフホウコウイ】
民法719条に定める共同不法行為については、種々の解釈・見解がありますが、交通事故事案では、特に、加害者に共同不法行為責任が認められる場合に、加害者からの寄与度減責が認められるか、過失相殺をどのように行うか、といった点について、さまざまな解釈・見解がありますのでご注意ください。

## 軽車両
【ケイシャリョウ】
自転車、荷車その他人もしくは動物の力により、または他の車両に牽引され、かつ、レールによらないで運転する車であって、車いす、歩行補助車等及び小児用の車以外のものをいいます（道交法2条1項11号）。

## 交通事故証明書
【コウツウジコショウメイショ】
各都道府県の自動車安全運転センターが発行する証明書で、交通事故の発生を確認したことを証明する書類をいいます。事故の発生日時及び場所、当事者の氏名、住所及び生年月日、自賠責保険会社名、事故類型等が記載されています。
警察への届出がされていない事故については、発行されません。また、人身事故については事故発生から5年、物損事故については事故発生から3年をそれぞれ経過したものについては、原則として交付されませんので、ご注意ください。

## 交通整理の行われている(いない)交差点
【コウツウセイリノオコナワレテイル(イナイ)コウサテン】
信号機の表示する信号または警察官の手信号等により、交互に一方の交通を止め、他方を通す方式による交通規制が行われている交差点をいいます。黄点滅信号または赤点滅信号が表示されているだけの交差点は、交互に一方の交通を止めることにならないので、交通整理の行われていない交差点となることにご注意ください。

## ジコショウメイ 業
交通事故証明書の略称です。「交通事故証明書」を参照してください。

## 自動車
【ジドウシャ】
道交法上は、原動機を用い、かつ、レールまたは架線によらないで運転する車であって、原動機付自転車、自転車及び車いす並びに歩行補助車その他の小型の車で政令で定めるもの以外のものをいいます（道交法2条1項9号）。
道運法上は、原動機により陸上を移動させることを目的として製作した用具で軌条もしくは架線を用いないものまたはこれにより牽引して陸上を移動させることを目的として製作した用具であって、原動機付自転車以外のものをいいます（道運法2条2項）。自動車の種類については、第2章6を参照してください。

## 車道
【シャドウ】
車両の通行の用に供するため縁石線もしくはさくその他これに類する工作物または道路標示によって区画された道路の部分をいいます（道交法2条1項3号）。

## 車道外側線
【シャドウガイソクセン】
道路または車道の路端寄りに引かれている区画線をいいます。

## 車両（車両等）
【シャリョウ（シャリョウトウ）】
自動車、原動機付自転車、軽車両及びトロリーバスのこと（道交法2条1項8号）を「車両」といい、これらに路面電車を含めたものを「車両等」といいます（同項17号）。

## 車両通行帯（レーン、車線）
【シャリョウツウコウタイ（レーン、シャセン）】
道路における車両の通行の円滑を図るため、一定以上の幅員を有する道路において、道路標示によりその道路を通行する車両が一定の区分に従って道路の一定の部分を通行することとされている場合におけるそれぞれの車両が通行すべき道路上の帯状の部分をいいます（道交法2条1項7号）。

## 使用者
【ショウシャ】
自動車検査証には「所有者」と「使用者」に関する情報を記載する欄があります。当該自動車の所有権者が自動車を使用する場合は、「所有者」に関する欄だけが記載され、「使用者」に関する欄は記載されません。これに対して、当該自動車の「所有者」と「使用者」が異なる場合、例えば、Aさんが割賦販売等を利用したり、リースを利用した場合には、Aさんは「使用者」として記載され、信販会社割賦販売業者・リース会社が「所有者」として記載されます。
もっとも、交通事故により当該自動車に修理代等の損害が生じた場合、「使用者」であるAさんは、所有権を有していないものの、加害者に対して損害賠償請求をすることができると解されています。

## 諸元表
【ショゲンヒョウ】
道運法75条1項に定める国土交通大臣の指定等を申請する際に提出される申請書類の1つです。当該車両の構造、装置及び性能に関する情報（車名・型式、原動機の型式、総排気、車体の長さ、幅、高さや重量、最高出力、原動機、燃料装置、電気装置、動力伝達装置等）が記載されています。

## ジン 業
人身損害の略称です。「人身損害」を参照してください。

## 人身 業
【ジンシン】

人身事故の略称です。「人身事故」を参照してください。

## 人身事故
【ジンシンジコ】

人の生命または身体に損害が発生する事故をいいます。

## 人身損害
【ジンシンソンガイ】

人の生命または身体に発生する損害をいいます。

## ゼブラゾーン
車両の安全かつ円滑な走行を誘導することを目的として、道路上に引かれた区画線で区切られた部分をいい、白色線で示されます。ゼブラゾーンを走行することは禁止されておらず、罰則も存在しませんが、過失相殺の場面においては、ゼブラゾーンの走行を理由に過失相殺がなされることもあります。

## チャッターバー
道路の中央線上等に設置されている細長い金属製の突起物で、道路鋲ともいいます。車線をはみ出して自動車等を走行させた際に、車体に連続的な衝撃を与えることで、はみ出し運転を防ぐ等の目的で設置されています。

## 導流帯
【ドウリュウタイ】

ゼブラゾーンと同義です。「ゼブラゾーン」を参照してください。

## ブツ 業
物的損害の略称です。「物的損害」を参照してください。

業 …… 略語業界用語

## 物件事故
【ブッケンジコ】
物損事故と同義です。「物損事故」を参照してください。

## 物損事故
【ブッソンジコ】
人的損害が発生せず、物についての損害のみが発生する事故をいいます。自賠責保険の対象とはなりませんので、ご注意ください。

## 物的損害
【ブッテキソンガイ】
物に生じる損害のことをいいます。ただし、眼鏡、コンタクトレンズ、義肢、歯科補綴、義眼、補聴器、松葉杖等、身体機能を補う物が破損した場合には、人身損害として取り扱われ、自賠責の保険金額の対象となります。

## 歩行者
【ホコウシャ】
道路を徒歩で通行する者をいいます。走っている者、佇立している者、横臥している者、車いすやベビーカーを通行させている者、バイクや自転車から降りてこれらを押して歩いている者も含まれます（道交法2条3項）。

## 歩道
【ホドウ】
歩行者の通行の用に供するため縁石線またはさくその他これに類する工作物によって区画された道路の部分をいいます（道交法2条1項2号）。

## 夜間
【ヤカン】
日没時から日出時までの時間をいいます。夜間、道路を走行する車両には灯火の点灯義務が課されています（道交法52条1項）。事故日の、日の出と日没の時刻は国立天文台のホームページにて都道府県単位で確認できます。

## 優先道路
【ユウセンドウロ】

道路標識等により優先道路として指定されているもの及び当該交差点において当該道路における車両の通行を規制する道路標識等による中央線または車両通行帯が設けられている道路をいいます（道交法36条2項）。中央線（破線の中央線を含みます）が交差点の中まで連続して設けられている道路は、原則として優先道路に該当します。

## 路肩
【ロカタ】

道路の主要構造部を保護し、または車道の効用を保つために、車道等に接続して設けられている帯状の道路の部分をいいます（道路構造令2条12号）。

## 路側帯
【ロソクタイ】

歩行者の通行の用に供し、または車道の効用を保つため、歩道の設けられていない道路または道路の歩道の設けられていない側の路端寄りに設けられた帯状の道路の部分で、道路標示によって区画されたものをいいます（道交法2条1項3号の4）。道路端の白色実線1本により示される路側帯においては、歩行者のほか軽車両の通行が許され、また車両の駐停車が可能です。白色実線1本に加えさらに道路端側の白色破線1本により示される路側帯（駐停車禁止路側帯）においては、車両の駐停車は禁止され、その外側での駐停車しかできません。白色実線2本により示される路側帯（歩行者専用路側帯）においては、歩行者のみが通行可能で、軽車両の進入も許されず、車両の駐停車もできません。

# 2 事故態様・過失相殺関係

### r（回転半径、radius）
【アール】
ハンドルを切って走行したときに車体が描く円の半径をいいます。ハンドルを最大限に切ったときの回転半径を最小回転半径といいます。最小回転半径が小さいほど小回りがきく車ということになります。

### 青青 業
【アオアオ】
信号機のある交差点における出会い頭の衝突事故で、双方当事者が、相互に自己の信号が、青であったと主張する事案をいいます。赤赤事案とは異なり、交差点の信号のサイクル上、どちらの信号も青を表示することはありません。

### 赤赤 業
【アカアカ】
信号機のある交差点における出会い頭の衝突事故で、双方当事者が、相互に相手方の信号が、赤であったと主張する事案または交差点の信号がいずれも赤を表示している状態をいいます。交差点の信号のサイクル上、どちらの信号も赤である場面も存在します。そのため、「相手方は赤信号だから、こちらは当然青信号である」と即断しないよう注意しましょう。

### v（速度、velocity）
【ヴイ】
単位時間当たりの物体の位置の変化量をいいます。

### 右直 業
【ウチョク】
交差点における右折車と直進車との衝突事故をいいます。

## a（加速度、acceleration）
【エイ】
単位時間当たりの速度の変化率をいいます。

## s（距離、span）
【エス】
車両の走行距離をいいます。

## 横臥者
【オウガシャ】
道路上に寝そべっている者をいいます。路上に横臥している者を車両から発見することは困難であり、事故発生の危険性が極めて高いことから、『判タ』では、横臥者の基本的過失割合は昼間は30％、夜間は50％とされています。なお、路上に四つん這いになっている者、座り込んでいる者にも同様の過失割合が適用されます。

## 外輪差
【ガイリンサ】
4輪（以上）の車両がカーブを曲がる際、回転の外側（右折するときには左側）の前輪と後輪が描く円弧の半径に生じる差をいいます。外輪差に起因する事故の一例として、車両が右後方に後退するときに、当該車両の左側前方を塀などに接触させる事故が挙げられます。

## 覚低走行
【カクテイソウコウ】
体調は正常で眠気などの自覚症状はないものの、注意力や集中力が居眠り運転状態の程度まで低下した状態で車両を運転することをいいます。慣れ親しんだ道、渋滞中、広大な一本道などでの運転時に陥りやすいとされています。

## 基本過失割合
【キホンカシツワリアイ】
当該事故類型ごとに想定されている、事故当事者間の過失割合を算定する際のベ

業 …… 略語業界用語

ースとなる過失割合をいいます。過失相殺を行う場面では、基本過失割合に要素を加味して、過失割合を算出することとなります。基本過失割合及び修正要素は、『赤い本』、『青本』、『判タ』等で共通というわけではありませんので、ご注意ください。

## 逆突 〔業〕
【ギャクトツ】
前方の車両が後退して、後方の車両に衝突する事故をいいます。

## 空走距離
【クウソウキョリ】
運転者が危険を察知してから、ブレーキを踏み、ブレーキが作用し始めるまでの間に、自動車が進行する距離をいいます。制動距離と同様に多義的に用いられており、運転手がブレーキを踏んでからブレーキが作用するまでに進行した距離のみを指す場合もあります。

## 空走時間
【クウソウジカン】
運転者が危険を察知してブレーキ操作が必要と判断した時点から、実際にブレーキを踏んでこれが作用し始めるまでに要する時間をいいます。

## クリープ現象
【クリープゲンショウ】
オートマチック車で、エンジンがアイドリング状態にあるときに、アクセルペダルを踏むことなく、車が前にゆっくりと動く現象をいいます。マニュアル車では発生しません。

## 好意同乗
【コウイドウジョウ】
自己が運転する車両に他人を好意・無償で同乗させることをいいます。同乗者が運転者（同乗させた者）に交通事故による損害賠償請求を行った場合に、過失相殺を認めるか否かという問題が生じるところ、同乗者に、事故の発生または損害の

拡大について何らかの帰責性が認められる場合、または、同乗者が事故の発生の蓋然性を認識しながら同乗した場合には、過失相殺が認められる傾向にあります。

## 交通事故自動記録装置
【コウツウジコジドウキロクソウチ】

交差点内を常時撮影し、交通事故発生時における車両の衝突音やスリップ音を感知した場合、その前後の各4秒間（合計8秒間）の状況、日時・場所及び信号現示を自動的に記録する装置です。警察庁により全国の事故多発交差点に設置されています。通称タームス（TAAMS＝Traffic Accident Auto Memory System）と呼ばれています。

## サイクル表
【サイクルヒョウ】

特定の信号機が、特定の日時において、どのような表示をしていたかを示す資料をいいます。各都道府県警察本部に保管されており、弁護士法23条の2による照会により取得することが可能です。

## サンキュー事故 業
【サンキュージコ】

優先性の認められる道路を走行する車両が、劣後する車両に通行を優先させた結果起こる事故をいいます。

## g（重力加速度、gravitational acceleration）
【ジー】

重力により生じる加速度をいいます。標準重力加速度は $9.80665 \text{ m/s}^2$ とされています。

## 事故状況発生報告書
【ジコジョウキョウハッセイホウコクショ】

事故の当事者が作成する報告書で、事故現場の状況や事故態様等を図示し、説明等を記載した文書をいいます。保険金の請求を行う際には、通常、保険会社より作成を求められることになります。

業 ……… 略語業界用語

## 事故直前速度
【ジコチョクゼンソクド】

運転者が事故の危険を認知し、ブレーキ・ハンドル操作などの危険回避措置をとる直前の速度をいい、危険認知速度とも呼ばれます。ブレーキ痕や損壊の程度、当事者や関係者の供述などから推測・算出し、事故態様の確認や過失割合の算定に用いることができます。ただし、ABS搭載車では、急ブレーキをかけてもブレーキ痕がほとんど残らないことに注意が必要です。

## 自損事故
【ジソンジコ】

例えば、ハンドル操作を誤って車両を電柱に衝突させてしまったというような、当該運転者だけの過失により発生し、当該運転者の身体や車両に損害が生じた事故をいいます。この場合、当該運転者の損害について、自賠責保険や対人賠償保険を使用することはできませんが、自損事故保険、人身傷害補償保険、車両保険を使用することができます。

## 実況見分調書
【ジッキョウケンブンチョウショ】

犯罪や事故が起きた場所における犯人、被害者、目撃者その他の位置関係や状況を明らかにする目的で、捜査機関（警察または検察）が実施した実況見分の結果を記録した調書をいいます。人身事故事案では、警察により当事者や目撃者のものが作成され、事故現場の状況や事故態様を把握することができます。人身事故を扱ううえでは、必ず入手すべき重要な証拠書類です。

## 自爆事故 業
【ジバクジコ】

自損事故と同義です。「自損事故」を参照してください。

## 修正要素 業
【シュウセイヨウソ】

事故当事者間の過失割合を算定する際に、基本過失割合が想定する過失割合を修正するための要素または修正する数値をいいます。基本過失割合と同様、『赤い

本』、『青本』、『判タ』等で共通というわけではありませんので、ご注意ください。

## 順次追突事故
【ジュンジツイトツジコ】
追突された車に対して、後続車がさらに追突する形態の交通事故をいいます。

## 衝突角度
【ショウトツカクド】
入力角度と同義です。「入力角度」を参照してください。

## 正面衝突
【ショウメンショウトツ】
車両相互の事故で、ある車両が別の車両と対面して接近し、衝突又は接触する事故形態をいいます。交通事故証明書においては、車両相互の事故類型の一形態とされています。

## スリップ痕
【スリップコン】
車両のタイヤが路面を滑ることにより、路面に残されたタイヤ痕をいいます。例えば、急ブレーキや急発進をした場合は縦型のスリップ痕（縦すべり痕）が、急旋回やスピンをした場合は横型のスリップ痕（横すべり痕）が道路に残ることとなります。事故直前・直後の当該車両の走行状況等を把握するうえで、重要な証拠となります（実況見分調書においてもスリップ痕に関する記載がある場合もあります）。

## 制動距離
【セイドウキョリ】
一般的には、ブレーキが作用し始めてから、自動車が完全に停止するまでの間に、自動車が進行する距離をいいます。速度、路面の状況（道路の摩擦係数）、ブレーキの状態（タイヤの状態）等の要素により、距離の長さが変わってきます。もっとも、停止距離と同義に用いられる場合や、ブレーキがロックされる前に進行した距離（この距離を制動距離と区別して伝導距離と定義するものもありま

す）を除外した距離として用いられる場合もあります。多義的に用いられているため、その内容について注意して確認する必要があります。

## 制動初速度
【セイドウショソクド】
運転手が危険を察知してブレーキをかけた際の、自動車の走行速度をいいます。この速度が高ければ停止距離が伸び、低ければ停止距離が短くなります。速度超過の有無にも直結するため、運転手の過失を判断するための重要な要素になります。

## 接触
【セッショク】
車両が相手方に近付いて、触れる程度の事故形態をいいます。交通事故証明書においては、車両相互の事故類型の一形態とされています。

## 側面衝突
【ソクメンショウトツ】
ある車両が、別の車両と対面方向及び同方向以外の方向に進行（どちらか一方の車両が停止している場合を含む）して衝突又は接触したものをいいます。交通事故証明書においては車両相互の事故類型の一形態とされています。

## タームス
交通事故自動記録装置と同義です。「交通事故自動記録装置」を参照してください。

## タイヤ痕
【タイヤコン】
自動車事故時、道路面にできるタイヤによる痕跡をいいます。タイヤ痕の種類にもよりますが、急制動を開始した地点やその時の速度、衝突地点、衝突後の進行方向などを推定するための資料となります。

## タコグラフ
車両に搭載される運行記録用計器の一種であり、運行中の速度・時間・距離・エンジン回転数の変化をグラフ化してその車両の稼働状況を把握できるようにした

計器をいいます。

## タコメーター
自動車のエンジン軸の回転数（回転速度）を指示する計器、測定器のことをいいます。

## 多重事故
【タジュウジコ】
玉突き事故・順次追突事故のように、多数の車両が関与する交通事故のことをいいます。

## 玉突き事故
【タマツキジコ】
前方で走行または停車している車に後続の車が追突したところ、これが要因となってさらにその前方の車に追突が連鎖する形態の交通事故をいいます。

## 単独事故 業
【タンドクジコ】
例えば、ハンドル操作を誤って車両を電柱に衝突させてしまったというような、当該運転者だけの過失により発生した事故をいいます。同義語として、自損事故があります。保険の使用については、「自損事故」を参照してください。

## チャート紙
【チャートシ】
タコグラフで得られたデータを可視化するために装着する紙をいいます。針やペンなどで自動的に線が描画され、計測値が折れ線グラフの形で記録されることが多いようです。

## 駐車場内の事故
【チュウシャジョウナイノジコ】
駐車を目的とする場所の性質上、車両の後退や方向転換等も頻繁に行われ、また歩行者の出現頻度も高いことから、走行車両にはより高度な前方注視義務や徐行

業 …… 略語業界用語

義務が課されると解されています。近時の『判タ』の改訂（別冊判例タイムズ38号『民事交通訴訟における過失相殺率の認定基準〈全訂5版〉』2014年）では新たに「駐車場内の事故」という事故類型が設けられ、これに関する過失割合の認定基準が示されました。

## 直前停止
【チョクゼンテイシ】
当該車両が衝突等する直前に停止することをいいます。例えば、合流地点において、合流車線を走行するA車が、本線を走行するB車の存在を認識して慌ててブレーキを踏んで停車したが、B車に追突される形で衝突したという事故の場合、形式的にはA車は衝突時に停止していましたが、それは、衝突直前に危機を感じて停止しただけに過ぎません。この場合、A車は、停止していたと評価されるのではなく、走行していたものと同様に評価されることとなります。相談者の中には、「衝突時に自車は停止していた。停止していたところに突っ込んできた相手が悪い」と主張する方が散見されますが、直前停止と評価されないかについて、慎重に判断する必要があります。

## 佇立
【チョリツ】
歩行者が、佇ずみ立つことや特段の事情がなく立ち止まることをいいます。過失相殺を行う場面では、修正要素として挙げられていることがあります。

## 出会い頭衝突
【デアイガシラショウトツ】
交差点内において、進行方向が異なる車両や歩行者が出会った瞬間に衝突する事故をいいます。交通事故証明書においては車両相互の事故類型の一形態とされています。

## t（時間、time）
【ティー】
車両の走行時間をいいます。

## 停止距離
【テイシキョリ】

運転手が危険を察知してから、自動車が完全に停止するまでの間に、自動車が進行する距離のことで、空走距離と制動距離の合計をいいます。運転手が危険を察知し得た地点と衝突地点までの距離が、停止距離よりも短い場合には、運転手はブレーキをかけても衝突を避けることができなかったという点で、運転手の結果回避義務違反が否定されることになります。

## デジタコ 業

デジタルタコグラフの略称であり、運行中の走行速度や稼働状況などの変化を数値化し、電気的に記録する運行記録用計器です。大型トラックでは装着が義務付けられています。

## 飛び込み事故
【トビコミジコ】

歩行者が自死又は自傷を目的として、走行している車両の前に意図的に飛び出すことにより起きた事故をいいます。

## ドライブレコーダー

自動車の走行状況等の映像・音声などを記録する自動車用の車載装置をいいます。機種によって性能・機能にばらつきがありますが、映像や音声だけでなく、当該自動車の速度、ブレーキやウィンカー操作の有無等まで表示されるものもあります。事故態様を証明するのに最良の証拠といえますが、機種によっては、記録の保存期間が短いこともありますので、受任時には記録を保存しておくことが重要です。

## ドラレコ 業

ドライブレコーダーの略称です。「ドライブレコーダー」を参照してください。

## 内輪差
【ナイリンサ】

4輪（以上）の車両がカーブを曲がる際、回転の内側（左折するときには左側）の前輪と後輪が描く円弧の半径に生じる差をいいます。内輪差に起因する事故の

業 …… 略語業界用語

一例として、車両の左折時に、当該車両の左側にいた歩行者、自転車、自動二輪車等に後輪が衝突する巻き込み事故が挙げられます。

## 入力角度
【ニュウリョクカクド】
車両が衝突した際の角度をいいます。当該車両の損傷状況から入力角度を推認し、事故態様を明らかにしていくことがあります。

## 認識時間
【ニンシキジカン】
ある物事が起きてからそれを人が認識するまでにかかる時間をいいます。交通事故事案においては、事故直前に、事故の原因となる事実を運転者が認識する時間をいいます。

## ハイドロプレーニング現象
【ハイドロプレーニングゲンショウ】
濡れた道路（水の溜まった路面）を走行中の車両について、水が道路（路面）とタイヤの間に入ることにより、タイヤが水の上を滑り、タイヤと道路（路面）の直接接触がなくなることにより、ハンドル操作やブレーキが効かなくなる現象をいいます。

## 判タ 業
【ハンタ】
一般的には株式会社判例タイムズ社が発行する『判例タイムズ』誌をいいますが、交通事故事案においては、別冊判例タイムズ38号『民事交通訴訟における過失相殺率の認定基準〈全訂5版〉』（2014年）をいいます。表紙が緑であるため『緑の本』とも呼ばれます。

## 反応時間
【ハンノウジカン】
運転者が危険を認知し、ブレーキを踏み、ブレーキが効き始める時間をいい、「空走時間」と同義です。反応時間は①危険を感じてブレーキを踏むことを判断

して足が動き出すまでの「反射時間」、②足をアクセルペダルからブレーキペダルに踏み変えるまでの「踏み変え時間」、③足がブレーキを踏み込んでブレーキが効き始めるまでの「踏み込み時間」に分けられます。

## 非接触事故
【ヒセッショクジコ】
誘引事故と同義です。「誘引事故」を参照してください。

## 物件事故報告書
【ブッケンジコホウコクショ】
物損事故の場合に、現場に赴いて事故状況を認知した警察官が作成する文書をいいます。実況見分調書と比較して簡略化された内容となっていますが、相応の証拠力を有していますので、確認することが重要です。

## 巻き込み事故
【マキコミジコ】
交差点を右左折する車両が、交差点を直進しようとした車両（二輪車が多い）または歩行者と接触する事故をいいます。

## 緑の本 業
【ミドリノホン】
別冊判例タイムズ38号『民事交通訴訟における過失相殺率の認定基準〈全訂5版〉』（2014年）のことをいいます。表紙が緑色であることが由来です。

## μ（摩擦係数）
【ミュー】
一般的には、制動時のタイヤと路面の摩擦係数をいいます。タイヤや路面の状況により、摩擦係数は異なってきます。
車両が横転、転倒した場合においては、滑走時の車体と路面の摩擦係数をいいます。

## 無車検走行
【ムシャケンソウコウ】

車検(国土交通大臣の行う検査)を受けず、有効な自動車検査証の交付を受けていないにもかかわらず、当該車両を運行の用に供する行為をいいます(道路運送車両法58条、罰則は同法108条1号)。無車検走行それ自体は、過失相殺における修正要素とはならないことにご注意ください。

## 無償同乗
【ムショウドウジョウ】

好意同乗と同義です。「好意同乗」を参照してください。

## 無免許運転
【ムメンキョウンテン】

公安委員会の運転免許を受けないで(運転免許の効力が停止している場合を含む)、自動車または原動機付自転車を運転する行為をいいます(道交法64条、罰則は同法117条の2の2第2号)。過失相殺の場面においては「重過失」と扱われることがあります。

## 誘引事故
【ユウインジコ】

ある車両と直接接触はしていないけれども、当該車両が原因で損害が生じた事故をいいます。当該車両の運転者は責任を免れるものではありませんが、過失相殺の場面では被害者に一定の過失割合が加算されることもあります。

## 離合事故
【リゴウジコ】

ある車両が別の車両と(細い)道路上ですれ違うときに接触して起きる事故をいいます。

# 傷病関係

## RSD
【アールエスディ】

反射性交感神経性ジストロフィーまたは反射性交感神経性萎縮症（Reflex Sympathetic Dystrophy）の略称です。交感神経の異常な反射亢進により疼痛、骨萎縮、皮膚変化、関節拘縮などを主な症状とする病態のうち神経損傷を伴わないものをいいます。

自賠責の後遺障害等級認定基準では、関節拘縮、骨の萎縮、皮膚の変化（皮膚温度の変化、皮膚の萎縮）という慢性期の主要な3症状が認められることが必要になりますが、医療現場の診断基準では、骨の萎縮という要件まで必要とされていません。そのため、賠償実務においては、RSD発症の有無（後遺障害の有無、程度）が問題となるケースが散見されます。また、被害者の心因的要因が関与しているとして、加害者側から素因減額が主張されることも多いようですが、裁判所は素因減額を行うことについて慎重な態度をとっているものと思われます。

## MTBI
【エムティービーアイ】

軽度外傷性脳損傷（Mild Traumatic Brain Injury）をいい、外傷性脳損傷であっても、重度の意識障害を発生しないものをいいます。これにより高次脳機能障害が残存したと診断されることもありますが、訴訟で証明することは容易ではありません。

## 外傷性頸部症候群
【ガイショウセイケイブショウコウグン】

いわゆるむち打ち損傷をいいます。「むち打ち損傷」という言葉は、鞭がしなるように頸部が過伸展、過屈曲したことによって発生するという受傷機転を示したものに過ぎないこと、このような受傷機転がない場合でも頭頸部症状は発生すること、病態は明らかではないこと等の理由から、「むち打ち損傷」ではなく、「外傷性頸部症候群」等の診断名が用いられています。

業 …… 略語業界用語

## 外傷性脳損傷
【ガイショウセイノウソンショウ】

交通事故のような外部からの衝撃により、脳に損傷が生じることをいい、遷延性意識障害、高次脳機能障害、外傷性てんかんといった、後遺症を残すこととなります。

## 外貌醜状
【ガイボウシュウジョウ】

頭や顔、首といった人目に付く部分（外貌）に、やけど、傷痕、欠損等の醜状が残ってしまった場合をいいます。部位や醜状の程度によって後遺障害等級が認められますが、当該醜状による労働能力の喪失・低下は認められないとして、後遺障害逸失利益の有無自体が争われるケースが多いため注意が必要です。

## カウザルギー

外傷により主要な末梢神経の損傷によって生じる灼熱痛、非有害刺激で正常な皮膚に起こる疼痛であるアロデニア及び疼痛異常過敏のことをいいます。RSDとは主要な末梢神経の損傷の有無で区別されています。1994年の世界疼痛学会の慢性疼痛分類では、RSDとともにCRPSという上位概念で括られ、RSDはタイプⅠに、カウザルギーはタイプⅡに分類されました。もっとも、2005年の世界疼痛学会の新診断基準では、タイプⅠとタイプⅡの区別は撤廃されました。

## 下肢短縮
【カシタンシュク】

受傷により下肢の長さが短縮する障害をいいます。短縮の程度に応じて後遺障害等級が変わってきますが、画像所見により障害の存在が明らかであることが多いため等級自体が争いになることはそれほどないようです。しかし、短縮の程度や受傷者の職種により、労働能力喪失率が争いになるケースが多いと思われます。

## 可動域制限
【カドウイキセイゲン】

例えば、右腕を骨折したことにより、右肘関節が曲がらなくなった（屈曲できなくなった）場合のように、関節の機能（運動）に障害が残ることをいいます。各

関節ごとに評価方法、測定方法や重視すべき運動が定められていますので、必ず『必携』等を参照するようにしてください。

## 既往症
【キオウショウ】
被害者が事故前に罹患した病気をいい、事故時に治療を継続している場合もこれに含まれます。被害者の既往症により損害が拡大した場合の素因減額の当否が問題となります。当該既往症が疾患にあたらないといえる場合や加齢に伴う身体の変形がある場合については、原則として素因減額は行わないというのが判例の考え方です。

## 偽関節
【ギカンセツ】
骨折による後遺症の1つであり、骨折した箇所の骨癒合が遷延または停止したことにより、当該箇所が関節のように動いてしまうものをいいます。1上肢または1下肢に偽関節を残した場合は第8級の後遺障害が、それが「著しい運動障害を残すもの」であれば第7級の後遺障害が認められます。

## 吃音症
【キツオンショウ】
話す際に言葉を円滑に発することが困難な障害をいいます。
かつては「どもり」と呼ばれていましたが、現在は差別用語として使用されていません。

## 嗅覚味覚障害
【キュウカクミカクショウガイ】
嗅覚または味覚の脱失または減退が認められる後遺障害をいいます。原則としては、等級表に記載された労働能力喪失率が認められますが、職種によってはそれよりも高い労働能力喪失率が認められることもあります。また、労働能力喪失期間は、回復の可能性の度合いに応じて認定されること（67歳まで必ず認められるわけではないこと）となりますので、ご注意ください。

## 胸郭出口症候群
【キョウカクデグチショウコウグン】

腕神経叢と鎖骨下動脈が、胸郭出口での斜角筋等により締め付けられたり、圧迫されることにより、首から肩にかけての痛み、前腕と環指、小指の痛みや痺れが生じる症状をいい、むち打ち損傷を負った患者に見受けられる症状の1つです。

## 頸部交感神経症候群
【ケイブコウカンシンケイショウコウグン】

視床下部から眼球へと走行する頸部交感神経の機能障害により、眼瞼下垂、縮瞳、無汗症、充血等が生じる症状をいいます。ホルネル症候群ともいいます。

## 高次脳機能障害
【コウジノウキノウショウガイ】

頭部外傷や脳血管障害等による脳の損傷の後遺症として、記憶障害、注意障害、遂行機能障害、社会的行動障害などの認知障害が生じ、これに起因して日常生活・社会生活への適応が困難となる障害をいいます。症状や障害の程度は人によってさまざまであり、本人に自覚症状がないことも多いとされています。軽度の損傷だと画像所見が確認できない場合も多く、後遺障害等級認定のハードルが高いものの1つです。後遺障害等級の認定を請求するうえでは、後遺障害診断書に加えて、医師が作成する「神経系統の障害に関する医学的意見」及び家族・介護者等が作成する「日常生活状況報告」の提出が求められています。

## 誤嚥性肺炎
【ゴエンセイハイエン】

物を飲み込む働き（誤嚥機能）の障害のため、口から食道に入るべき唾液、食べ物、胃液などが肺に入ってしまった結果、細菌が増殖して肺炎を発症することをいいます。
交通事故事案では、事故により負傷した高齢者が、入院中に誤嚥性肺炎により死亡したというような場面で、当該事故と死亡との相当因果関係の有無が問題となります。相当因果関係を認める裁判例もそれなりに存在しますのでご注意ください。

## 挫傷
【ザショウ】

外部からの衝撃により、皮膚の表面に傷が付かず、内部組織だけが損傷した状態をいいます。これに対して、挫創とは、皮膚にも損傷が生じた状態をいいます。

## CRPS
【シーアールピーエス】

複合性局所疼痛症候群（Complex Regional Pain Syndrome）の略称です。従来のRSD、カウザルギーという名称が、兆候や症状を表現するには適切ではないとして、1994年の世界疼痛学会の慢性疼痛分類で、RSDとカウザルギーの上位概念として、CRPSという用語が設けられました。その際、RSDはタイプⅠに、カウザルギーはタイプⅡに分類されましたが、2005年の世界疼痛学会の新診断基準で、この区別は撤廃されました。

## 歯牙損傷
【シガソンショウ】

歯の喪失または欠損をいいます。歯科補綴（シカホテツ。かぶせものや入れ歯などの人工物で喪失・欠損した歯を補うこと）を加えた歯の数に応じて後遺障害等級が異なります。外貌醜状等と同様に、その損傷による労働能力の喪失・低下は認められないとして、後遺障害逸失利益の有無自体が争われることが多いと思われます。

## 四肢麻痺
【シシマヒ】

両手・両足の麻痺をいい、その原因（脳損傷によるものか、脊髄損傷によるものか）や麻痺の程度により、別表1第1級1号、同第2級1号、別表2第3級3号、第5級2号の後遺障害が認められます。

なお、片麻痺とは一側の上下肢の麻痺、対麻痺とは両上肢または両下肢の麻痺、単麻痺とは上肢または下肢の一肢のみの麻痺をいいます。

## 失語症
【シツゴショウ】

脳の言語機能の中枢が損傷することによって、聞く、話す、読む、書くといった言語機能に障害が生じた症状をいいます。高次脳機能障害の症状の1つとされています。

## 神経症状
【シンケイショウジョウ】

むち打ち等により生じる疼痛、痺れ、麻痺、感覚鈍麻等の症状をいい、「局部に頑固な神経症状を残すもの」であれば後遺障害等級第12級14号が、「局部に神経症状を残すもの」であれば第14級9号が、それぞれ認定されることとなります。前者は「通常の労務に服することはでき、職種制限も認められないが、時には労務に支障が生じる場合があるもの」と説明され、後者は第12級14号よりも軽度のものをいいます。

## 診断書
【シンダンショ】

一般的には、疾患名、経過の概要、加療期間などを記載した医師作成の証明書をいいます。警察への人身事故の届出や保険金請求等において不可欠なものといえます。

## 脊髄損傷
【セキズイソンショウ】

脊椎の脱臼や骨折により脊髄が圧迫されることを主な原因として、脊髄が損傷された状態をいいます。代表的な症状としては運動麻痺が挙げられ、損傷の部位（高位）や程度によって、完全麻痺・不完全麻痺、四肢麻痺・対麻痺・片麻痺・単麻痺といった症状に差が出ます。脊髄の機能が完全に損傷して身体が全く動かせなくなる完全麻痺と、脊髄の一部分が損傷した状態によって生じる不完全麻痺とに分けられます。

## セキソン 【業】

脊髄損傷の略称です。「脊髄損傷」を参照してください。

## 線維筋痛症
【センイキンツウショウ】

圧痛以外の他覚所見がないにもかかわらず（CT、MRI、血液検査等でも異常は発見できません）、全身に疼痛を来す疾患をいいます。精神的なストレスが発症の契機になるともいわれていますが、医学的にその原因は解明されてはいません。そのため、交通事故との因果関係が問題になります。

## 遷延性意識障害
【センエンセイイシキショウガイ】

いわゆる植物状態のことをいいます。医学的には、疾病・外傷により種々の治療にもかかわらず、3か月以上にわたる、①自力移動不能、②自力摂食不能、③糞便失禁状態、④意味のある発語不能、⑤簡単な従命以上の意思疎通不能、⑥追視あるいは認識不能の6項目を満たす状態にあるものをいいます。ほとんどの場合、別表第1第1級1号の後遺障害が認められています。

## 打撲
【ダボク】

外部からの衝撃により、傷口は発生しないものの、軟部組織が損傷した状態をいいます。

## 椎間板ヘルニア
【ツイカンバンヘルニア】

椎間板（上下の頸椎を支えるクッションのような役割を担う）が破れ、各神経を圧迫することをいいます。交通事故事案においては、事故が直接の原因で椎間板ヘルニアが発生することは稀であるとして、事故との相当因果関係や素因減額が問題となることが多いと思われます。そのため、事故の衝撃、年齢、神経症状が発生した時期、当該神経症状に対応する椎間板以外の椎間板の病変の有無といった要素を考慮することが大切です。

## 突き指
【ツキユビ】

指先に縦軸方向に力が加わることにより生じるさまざまな外傷(骨折、脱臼、腱の断裂、マレットフィンガー等)をいいます。どの指に生じたか、生じた指の本数、程度により第4級から第14級の後遺障害が認定されることがあります。

## 槌指
【ツチユビ】

マレットフィンガーと同義です。「マレットフィンガー」を参照してください。

## 低髄
【テイズイ】

低髄液圧症候群の略称です。「低髄液圧症候群」を参照してください。

## 低髄液圧症候群
【テイズイエキアツショウコウグン】

脳脊髄腔(脳から脊髄までを覆う閉鎖空間)に穴が開き、脳脊髄液(脳脊髄腔の中を満たす液体)が漏出することによって減少し、脳脊髄腔内の髄液圧力が低下する病態をいいます。症状としては、起立性頭痛(起き上がると頭痛が増強する)が主であり、それに付随して現れる症状も、頸部痛、全身倦怠、めまい、吐き気、耳鳴り、鬱など多彩です。低い髄液圧が症状の原因と考えられていますが、いまだ解明されていないところも多く、種々の診断基準が存在します。髄液減少自体に原因があるとも解されており、低髄液圧症候群と区別して脳脊髄液減少症と呼ばれることもあります。なお、有効な治療法とされるブラッドパッチ療法は、平成24年5月に先進医療に承認され、平成28年4月からは、「脳脊髄液漏出症(関連学会の定めた診断基準において確実または確定と診断されたもの)」の治療を行う場合に「保険適用」されることになりました。

### ティネル（チネル）徴候
【ティネル（チネル）チョウコウ】

末梢神経障害に関する神経学的検査方法として、損傷された末梢神経を遠位から近位へと軽く叩いていくものがあります。この場合に、被験者が損傷された部位で、その神経の固有感覚領域にチクチク感や蟻走感が生じることをいいます。

### 捻挫
【ネンザ】

関節にその許容範囲を超えた動きがなされたことにより、当該関節の周辺部や靱帯、軟部組織が損傷した状態をいいます。

### バレー・リュー症候群
【バレー・リューショウコウグン】

椎骨神経（頸部交感神経）の刺激状態によって生じ、頭痛、めまい、耳鳴り、視障害、嗄声、首の違和感、摩擦音、易疲労性、血液低下などの自覚症状を主体とするものをいいます。ただし、発生原因については、明らかになっていません。

### PTSD
【ピーティーエスディ】

心的外傷後ストレス障害（Post Traumatic Stress Disorder）の略称です。交通事故などによって強い精神的衝撃を受けることが原因となり、心身に支障を来し、さまざまなストレス障害を引き起こす疾患です。非器質性精神障害の1つであり、症状に応じて後遺障害として認定されることとなります。また、症状によっては労働能力喪失期間が10年に短縮されたり、被害者に心因的要因があるとして素因減額されることもあります。

### 脾臓障害
【ヒゾウショウガイ】

脾臓（左上腹部にあり、老化した赤血球を破壊して鉄分を取り出す、胎生期に新たな赤血球を作り出す、血液を蓄えるなどの機能を有する臓器）を失った後遺障害をいいます。脾臓を喪失しても、他の臓器で機能を代替できるため人体には影響がないといわれている一方、脾臓が生体防御機能の1つとして生体を細菌感染

から防御する等の機能を担っていることも知られています。そのため、自賠責保険においては、平成18年4月1日以降に発生した交通事故については第13級11号と認定されることとなりました（それまでに発生したものについては、後遺障害等級第8級11号が認められていました）。

## フラッシュバック
強い心的外傷（トラウマ体験）を受けた場合に、後に無意識にその記憶が思い出されたり、夢に見たりする現象をいい、PTSDや急性ストレス障害の症状の1つです。

## 変形障害
【ヘンケイショウガイ】
骨折や脱臼などにより脊柱や鎖骨などが変形することをいいます。変形の程度によって後遺障害等級が異なります。外貌醜状等と同様に、当該変形により労働能力の喪失・低下は認められないとして、後遺障害逸失利益の有無自体が争われるケースが多いため注意が必要です。

## 末梢神経障害
【マッショウシンケイショウガイ】
末梢神経（脳及び脊髄から出る神経）に障害が発生することをいい、これにより、運動麻痺（例えば筋力の低下・萎縮）、感覚障害（例えば痺れ、痛み、感覚鈍麻）または自律神経障害（例えば発汗障害）といった症状が出現します。後遺障害は、「局部に頑固な神経症状を残すもの」であれば第12級13号が、「局部に神経症状を残すもの」であれば第14級9号が認められます。前者が認められるためには、「障害の存在が医学的に証明できる」ことが必要となります。これに対して、後者は「障害の存在が医学的に説明可能」であることで足りるとされています。

## マレットフィンガー
指の先の関節（DIP関節）が、木槌のように曲がったまま伸びなくなってしまった状態（マレット変形）をいいます。突き指でよく起こるものです。どの指に生じたか、生じた指の本数、程度により第4級から第14級の後遺障害が認定されることとなります。

## むち打ち損傷
【ムチウチソンショウ】

頸部が鞭がしなるように過伸展、過屈曲したことによって頭頸部症状が発生するという受傷機転から、このように呼ばれています。しかし、このような受傷機転がなくても、頭頸部症状が引き起こされるものもあり、病態は明らかになっていません。そのため、むち打ち症、外傷性頸部症候群、外傷性頭頸部症候群頸椎捻挫、頸部挫傷等の診断名が付されています。賠償実務では、傷害慰謝料を算定するうえで別表Ⅱが使用されたり、労働能力喪失期間が5～10年に制限されたりします。これらの点については、第1章3を参照してください。

## 網膜剥離
【モウマクハクリ】

眼球の内側にある網膜という膜が剥がれて、視力が低下する病気をいいます。交通事故等による強い衝撃を受けなくても、加齢、糖尿病、強度の近視といった素因により発症することがありますので、交通事故との因果関係が問題となることがあります。

## 腰椎すべり症
【ヨウツイスベリショウ】

腰椎がずれることによって、脊柱管が狭くなり、馬尾神経や神経根が圧迫される症状をいいます。加齢等による骨のゆがみ等が生じることがほとんどですが、交通事故をきっかけにそれまで出現しなかった疼痛が出現するというケースが多いため、因果関係や素因減額が争われることが多いようです。

## 用廃
【ヨウハイ】

「用を廃した」こと、すなわち、関節、手指、足指に一定の重い機能障害が存することをいいます。等級表では「1上肢の3大関節中の2関節の用を廃したもの」（第6級6号）という具合に用いられています。等級表では、関節の機能障害の程度を表す文言として、「全廃した」「機能に著しい障害を残す」「機能に障害を残す」が用いられています。これらの具体的な内容については、当該関節ごとに『必携』等を確認することが重要です。

業 …… 略語業界用語

## 梨状筋症候群
【リジョウキンショウコウグン】

梨状筋（臀部の筋肉の１つ）を通る坐骨神経（骨盤から足に向かって伸びている神経）が、梨状筋の緊張・弛緩などにより圧迫を受けることにより痛みを生じることをいいます。MRIやXpでは発見できないため、見落とされてしまい、後に事故との因果関係が争われるケースもあるようです。

## リスフラン関節捻挫
【リスフランカンセツネンザ】

足の甲にあるリスフラン関節を捻挫した状態をいいます。リスフラン関節は、足の甲の中心部に存在し、歩行時や着地時といった足に体重がかかるときに発生する衝撃を和らげる役割を果たしています。足の甲の中央付近に腫れや痛みが生じたり、体重をかけた場合に痛みが強まるといった症状が出現します。

## 緑内障
【リョクナイショウ】

眼圧が上昇して視神経に障害が起きたことにより、視野が狭くなる症状をいいます。ただ、緑内障は進行が遅く、病気がかなり進行するまで自覚症状がほとんどないとされています。そのため、被害者は事故の時点でにすでに緑内障を患っていた等として、事故との因果関係が争われることもあるようです。

## 肋間神経痛
【ロッカンシンケイツウ】

何らかの原因で、肋骨に沿って走る神経に痛みを感じる症状をいいます。原因不明のものが多く、交通事故との因果関係が争われることがあります。

# 4 治療状況・治療関係

### Rp（Recipe）
【アールピー（レシピ）】
カルテに記載される略語で、処方、処方箋を意味します。

### ICD
【アイシーディー】
WHO（世界保健機関）が作成する疾患の分類をいい、現在は第10版であるICD-10が利用されています。病因・死因を分類して統計データを作成するとともに、統一的な診断概念・診断基準が提示されています。

### 亜急性期
【アキュウセイキ】
急性期の段階を過ぎて病状がある程度安定し、リハビリや退院支援を行う段階にある時期をいいます。回復期とほぼ同義で使われます。

### アキレス腱反射テスト
【アキレスケンハンシャテスト】
深部腱反射テスト（筋肉に伸展刺激を与えることにより、患者の筋萎縮の反応を見る、神経学的検査）の1つで、むち打ち症に対してよく行われます。足のアキレス腱部分をゴムハンマーで叩いて、無意識的に足関節が伸びるか否かによって判断することとなり、正常な場合は足が伸びることとなります。

### 握力検査
【アクリョクケンサ】
握力の異常に関する検査で、むち打ち症等の神経障害が生じた場合に行われたりします。握力計を握ることにより測定しますので、被験者の意思によるところが大きいという特徴があります。

## あん摩・マッサージ院
【アンマ・マッサージイン】

あん摩マッサージ指圧師の国家資格を有する施術者が、手技を用いて、身体の変調を改善する施術を行う治療院です。一定の要件を満たせば、健康保険の適用対象となります。受傷の内容、治療経過に照らし、有効かつ相当な範囲の費用は、治療費として認められる場合があります。

## 医療調査
【イリョウチョウサ】

主に、一括対応を行っている保険会社が、受傷の実態、治療経過及び治癒あるいは治療中止時期の見込み等を確認するために、医療機関に対して実施する調査をいいます。調査担当者が医師と面談したり、医師に書面で回答を求めたりする方法で行われます。

## インビシメント症候群
【インビシメントショウコウグン】

肩を上げたり動かしたりした際に腱板や滑液包等が衝突することにより、肩の痛みや運動制限を引き起こす症状をいいます。交通事故のような外傷により発症する場合もあれば、野球のピッチャーのように、日常の運動により発症する場合もあります。

## WMS-R検査
【ウェクスラーシキキオクケンサ】

ウェクスラー式記憶検査（Wecheler Memory Scale-Reviced）。記憶に関する検査です。高次脳機能障害の認定における判断要素の1つである、意識回復後の認知障害及び人格変性の有無・程度を判断する際などに行われます。

## WISC-Ⅲ検査
【ウェクスラーシキチノウケンサ】

ウェクスラー式知能検査（Wechsler lntelligence Scale for Children-Ⅲ）。子ども（5～16歳）を対象とした知能検査です。高次脳機能障害の認定における判断要素の1つである、意識回復後の認知障害及び人格変性の有無・程度を判断する際などに行われます。

## A（Assessment）
【エイ（アセスメント）】

カルテに記載される略語で、S（Subject：主観的情報）とO（Object：客観的情報）に対する評価を意味します。「SOAP」というカルテ記載方法のうちの「A」の部分です。詳細は、第2章3を参照してください。

## ATR
【エイティーアール】

アキレス腱反射（Achilles Tendon Reflex）の略語です。「アキレス腱反射テスト」を参照してください。

## S（Subject）
【エス（サブジェクト）】

カルテに記載される略語で、患者の主訴や病歴等の主観的情報を意味します。「SOAP」というカルテ記載方法のうちの「S」の部分です。詳細は、第2章3を参照してください。

## SEP検査
【エスイーピーケンサ】

SEPとは、体性感覚誘発電位（Somatosensory Evoked Potentials）の略称で、手や足の感覚神経に電気的な刺激を与えることによって、誘発される反応を記録して、手や足から脊髄、脳幹、大脳皮質に至る感覚神経の機能を見る検査です。むち打ち症や脊髄損傷事案で行われる検査の1つといえます。

## Xp
【エックスピー】

X-ray photograph、いわゆるレントゲン写真のことです。Xp検査（レントゲン検査）は、身体を透過したX線を写真フイルム等で可視化することにより、身体の方法を得ることとなります。この検査を行う診療放射線技師については、第2章2を参照してください。

## エデンテスト

むち打ち症の患者に対して行われる胸郭出口症候群の誘発テストの1つで、胸を張った状態で両肩を引くことにより、橈骨動脈の状況を確認する検査です。

## MRI
【エムアールアイ】

MRI（Magnetic Resonance Imaging）検査のことをいいます。強力な磁石と電波を使って画像を作ることにより病気を診断する検査です。CTと同様、身体の断面画像を得ることとなります。この検査を行う診療放射線技師については、第2章2を参照してください。

## MEP 検査
【エムイーピーケンサ】

MEPとは、運動誘発電位（Motor Evoked Potentials）の略称で、頭部を磁気で刺激して、腕のなど筋肉の電位を記録する検査です。むち打ち症や脊髄損傷事案で行われる検査の1つといえます。

## O（Object）業
【オー（オブジェクト）】

カルテに記載される略語で、診察・各種検査から得られた客観的情報を意味します。「SOAP」というカルテ記載方法のうちの「O」の部分です。詳細は、第2章3を参照してください。

## オージオメーター

純音聴力を検査するために用いられる機器のことです。被検査者は、ヘッドフォンを装着し、オージオメーターから出された音が聞こえたらボタンを押します。聴力の喪失の度合いによって、後遺障害の等級が定められます。

## 温泉療法
【オンセンリョウホウ】

温泉を利用して症状の緩和や改善を図ることを目的とした民間療法です。比較的穏やかな症状改善に適しています。受傷の内容、治療経過に照らし、有効かつ相

当な範囲の費用は、治療費として認められる場合がありますが、医師の明確な指示がない限り認められにくく、認められた場合でも、費用の全額につき賠償を受けることは難しいでしょう。

## 介達牽引
【カイタツケンイン】
牽引は、持続的に引っ張ることにより、骨折の整復をする治療法です。牽引のうち、鋼線を骨に直接通して引っ張る方法を直接牽引といい、包帯等の牽引バンドを用いて、皮膚を介して引っ張る方法を介達牽引といいます。

## 外反ストレステスト
【ガイハンストレステスト】
肘関節・膝関節について、内側側副靱帯の損傷の有無・程度を調べる検査をいいます。外側側副靱帯のそれを調べる検査として、内反ストレステストがあります。肘・膝関節の可動域制限を裏付ける重要な検査といえます。

## 回復期
【カイフクキ】
容態が急性期から脱し、身体機能の回復を図る時期をいいます。合併症などを予防しつつ、リハビリを行っていく時期です。

## 外来診療録
【ガイライシンリョウロク】
診療記録のうち、通院して診療を受けた際に作成されたものをいいます。対義語として入院診療録があります。詳細は、第2章3を参照してください。

## カイロプラクティック
身体の構造と機能に注目し、主に脊椎やその他の身体部位を調整することにより、神経の働きを回復させ、ゆがみの矯正、痛みの軽減、機能改善、身体の自然治癒力を高めることを目的とした専門療法のことをいいます。
比較的穏やかな症状改善に適しています。国家資格を要しない民間療法であり、健康保険は使えません。受傷の内容、治療経過に照らし、有効かつ相当な範囲の

費用は、治療費として認められる場合がありますが、そのハードルはかなり高いといえます。

## 駆付け費用 🈴
【カケツケヒヨウ】
事故直後に、被害者の病院に近親者等が遠方から駆け付けた際の交通費や宿泊費をいいます。傷害の態様・程度、被害者との関係性等から、遠方から駆け付けることもやむを得ないような状況であったといえる場合には、事故による損害として認められます。

## 過剰診療
【カジョウシンリョウ】
医学的な必要性または合理性が認められない診療をいいます。高額診療と異なり、診療それ自体の必要性・相当性が問題となりますので、治療費全額が損害として認められない可能性もあります。医学的な観点から、その診療を行うにつき正当な理由が認められる必要がありますので、医師の協力がなければ、立証が困難であるといえます。

## 画像所見
【ガゾウショケン】
Xp、MRI等の画像により確認できる、当該患者の身体の変化や異常ないしこれに関する医師の意見・判断をいいます。後遺症の有無・内容や後遺障害等級を判断するうえで、重要視される要素といえます。

## カルテ
医師が患者から聞き取った症状や、医師の診断内容及び治療方針などを記載する記録です。詳細は、第2章3を参照してください。

## 看護記録
【カンゴキロク】
看護職員が患者に対して行った看護行為の目的や必要性の判断及び実施した内容等を記録した書面です。後遺障害等級の有無及び程度が争点となる場合など、被

害者の症状の詳細について証明・立証が求められる際に、診断書、診療録、各種画像記録の補完として提出されることがあります。

## ギプス固定期間
【ギプスコテイキカン】

ギプスの装着により患部を固定している期間をいいます。入通院を行っていない期間であっても、一定の条件を満たすギプス固定期間については、実治療日数として慰謝料算定の対象日数に含まれることがあります。
コルセットやサポーター等は、ギプス固定には該当しません。

## 急性期
【キュウセイキ】

受傷後、間もない時期をいいます。怪我による症状が急激に現れるため、身体的、精神的な負担が大きい時期だといえます。急性期には、数時間で容態が急変することもあります。

## 高額診療
【コウガクシンリョウ】

通常であれば、廉価で同水準の医療を受けられたはずなのに、あえて著しく高額な診療を受け、その必要性・相当性が問題となり得る場合の診療をいいます。原則として、著しく高額な診療を行わなければ、事故による傷害が治癒できないという特別な事情がない限り、一般水準の医療費相当額を超える治療費については、損害として認められません。自由診療で受診した際に多く発生する問題ですが、「高額診療」の該当性について、近年では、健康保険診療費を基準として、概ね1.5倍から2倍程度を超えた場合に該当性が肯定されるケースが増えています。

## 個室
【コシツ】

1人1室の病室をいい、相部屋と異なり、追加料金が発生します。この追加料金が治療費として認められる場合については、「特別室」を参照してください。

## 混合診療
【コンゴウシンリョウ】

健康保険等の範囲内の費用を健康保険等で賄い、範囲外の費用を自己負担として支払う診療をいいます。現在の制度の中で認められている混合診療（保険外併用療養費といいます）は、高度先進医療などの「評価療養」と、差額ベッド料や予約診察料などの「選定療養」の2つに大別されます。

## 差額ベッド代
【サガクベッドダイ】

特別室や個室など、一般病室（相部屋）ではない病室に入院する場合に発生する追加料金をいいます。差額ベッド代を治療費として損害賠償請求できるか否かについては、「特別室」を参照してください。

## CT
【シーティー】

CT（Computed Tomography）検査のことです。X線を利用して、身体を透過したX線の量をデータとして集めて、コンピューターで処理することによって、身体の断面画像を得る検査です。この検査を行う診療放射線技師については、第2章2を参照してください。

## 自覚症状
【ジカクショウジョウ】

痛み、痺れ、機能障害といった、患者自身が感じている症状をいいます。自覚症状が、他覚所見や画像所見で裏付けられるか、ということが後遺症の有無・内容や後遺障害等級を判断するうえで重要となります。

## ジャクソンテスト

むち打ち症の患者に対して行われる神経根症状誘発テストの1つで、頭部を後屈して圧迫を加える検査です。

## 自由診療
【ジユウシンリョウ】

健康保険等を使わない診療のことで、治療費の全額が自己負担になります。医療機関は、患者との間の契約において治療費を自由に設定できますので、治療費は健康保険等を使用した場合に比して高額になるのが通常です。

## 終末期
【シュウマツキ】

治癒の可能性がなく、数週間〜半年程度で死を迎えるだろうと予想される時期をいいます。ターミナル期とも呼ばれます。終末期の患者に対する医療措置は、ターミナルケア、終末期医療と呼ばれ、延命ではなく、死を目前にした患者の身体的・精神的苦痛を和らげ、生活の質を向上させることを目的としています。

## 将来介護費
【ショウライカイゴヒ】

重度後遺障害により、症状固定後も付添介護が必要な場合の将来分の付添介護費をいいます。将来介護費は、原則として、「年額×症状固定時の平均余命に対応するライプニッツ係数」で算定されます。年額については、職業付添人の必要性が認められる場合は、その雇用に必要かつ相当な実費額、近親者付添人の場合は、日額8,000円×365日が一応の基準額とされています。もっとも、近親者が付添介護を行った場合であっても、具体的な介護の程度、時間、介護者の負担の軽重等を考慮し、増額が認められることがあります。

## 将来治療費
【ショウライチリョウヒ】

症状固定日より後に発生する治療費をいいます。原則として事故との相当因果関係は否定されてしまいます。もっとも、症状固定日以後においても治療によって症状悪化を防止したり、苦痛を軽減する必要がある場合や、遷延性意識障害の場合等生命維持に必要な場合には、将来治療費についても事故との相当因果関係が認められることとなります。将来治療費は、症状固定日以後その支出が見込まれる期間の年数に対応する中間利息を控除して算定することとなります。第1章2で、具体的な計算方法を記載しましたので、参照してください。

## 職業付添人
【ショクギョウツキソイニン】
入院または通院時に患者に付き添い、看護・介護を行うことを職とする者をいいます。

## 鍼灸院
【シンキュウイン】
はり師、きゅう師の国家資格を有する施術者が、脈診、腹診、舌診などにより身体の状態を把握し、崩れてしまった身体のバランスを鍼や灸を使った施術で整え、機能の回復を図る専門療法を行う治療院です。一定の要件を満たせば、健康保険の適用対象となります。鍼灸等の東洋医学的治療は、西洋医学的治療と異なり、交通事故実務においても、その必要性や合理性が一般的に承認されているとはいえない面があります。とはいえ、実際に、症状の緩和や改善が見られる例も少なくありませんので、施術の必要性・有効性・期間及び費用の相当性を勘案し、治療費として賠償が認められる場合もあります。そこで、治療費として損害賠償請求を行う際には、医師が治療の有効性を認め、通院を指示した書面(診断書、意見書、指示書等)を取得しておくことが肝要です。

## 診療報酬明細書
【シンリョウホウシュウメイサイショ】
患者が受けた診療について医療機関等が医療保険者に医療費を請求するために作成する明細書です。
診療報酬明細書には、診療の種類や内容、点数、金額、通院日などが記載されており、レセプトとも呼ばれます。その記載内容から、治療費の合計や入通院の日数、保険診療か自由診療かなど、被害者が損害賠償請求をするうえで必要な情報を把握することができます。自賠責保険においても書式があります。

## 診療録
【シンリョウロク】
患者の情報や診療の経過を記録したもので、一般的に「カルテ」と呼ばれます。医師法上、診療録の記録義務(同法24条1項)、5年間の保管義務(同条2項)が定められています。後遺障害等級認定申請等の立証のため、診療録を提出する

必要がある場合には、医療機関にコピーを申請することになります。カルテの開示に難色を示す医療機関も稀にあるようですが、厚生労働省が定める『診療情報の提供等に関する指針』においては医療機関には、第三者や患者本人を著しく害するおそれがあるような特段の事情のある場合を除き、開示義務が定められています。

### スパーリングテスト
むち打ち症の患者に対して行われる神経根症状誘発テストの1つで、頭部を患側に傾斜・後屈して圧迫を加える検査です。

### 整体院
【セイタイイン】
主に手技や補助器具を用いて、筋肉や骨格のゆがみを矯正したり、全身のバランスを整えて自然治癒力を高めることを目的とした専門療法を行う治療院です。比較的穏やかな症状改善に適しています。国家資格を要しない民間療法であり、健康保険は使えません。受傷の内容、治療経過に照らし、有効かつ相当な範囲の費用は、治療費として認められる場合がありますが、そのハードルはかなり高いといえます。

### 脊柱
【セキチュウ】
頭骨に続き、体幹の中軸をなす骨格をいいます。脊柱は、S字状に湾曲し、7個の首の骨（頸椎）、12個の胸の骨（胸椎）、5個の腰の骨（腰椎）、仙骨、尾骨に分けられます。

### 施術証明書・施術費明細書
【セジュツショウメイショ・セジュツヒメイサイショ】
柔道整復師が施術内容を記載した証明書及び施術費用の明細書です。医師以外の者は診断書を作成できないため、施術証明書に記載できる事項は、施術の事実及びその内容のほか後療日数の予定等に限定されます。疾病名のような診断内容について、医師の診断結果を転記してもらうことは可能です。

## 接骨院・整骨院
【セッコツイン・セイコツイン】

柔道整復師の国家資格を有する施術者が、骨折や脱臼、打撲・捻挫・挫傷などの関節及び筋肉の傷害に対し、主に手技療法を行う治療院です。接骨院と整骨院とは、呼び名が異なるだけで、治療内容に相違はありません。比較的急性の力によって発生した怪我の対処に向いており、一定の要件を満たせば、健康保険の適用対象となります。受傷の内容、治療経過に照らし、有効かつ相当な範囲の費用は、治療費として認められる場合があります。

## 第三者行為災害届
【ダイサンシャコウイサイガイトドケ】

通勤途中や業務中に交通事故の被害に遭った場合、怪我の治療のために労災保険を使うことができますが、この労災保険を使う場合に必要となる届出をいいます。書式の入手先及び提出先は、いずれも被害者の勤務する事業所を管轄する労働基準監督署になります。なお、提出に際し、念書や交通事故証明書、示談書などの添付が必要です。

## 第三者による傷病届
【ダイサンシャニヨルショウビョウトドケ】

交通事故の被害による怪我の治療に健康保険を使う際に必要となる届出をいいます。書式の提出先は、被害者の勤務する事務所を管轄する全国健康保険協会（協会けんぽ）、健康保険組合です。国民健康保険に加入している場合には、市区町村の窓口になります。書式は、提出先のホームページからダウンロードできます。なお、提出に際し、念書や交通事故証明書、被保険者の同意書等の添付が必要です。

## 体性感覚誘発電位検査
【タイセイカンカクユウハツデンイケンサ】

SEP検査と同義です。「SEP検査」を参照してください。

## 他覚所見
【タカクショケン】

病的反射、筋力の低下といった他者が確認できる、当該患者の身体の変化や異常

ないしこれに関する医師の意見・判断をいいます。後遺症の有無・内容や後遺障害等級を判断するうえで、重要視される要素といえます。

## タクシー代
【タクシーダイ】

通院、転院、入院、退院時にタクシーを利用した費用をいいます。タクシーを利用する必要性がある場合に、相当な範囲で損害として認められます。具体的には、交通の便が悪く、公共交通機関を利用できない場合や、徒歩圏や公共交通機関の利用が可能であっても、傷害の部位・程度から、歩行が困難である場合などが挙げられます。

## 知覚検査
【チカクケンサ】

毛筆や針などを使用して、皮膚の感覚の有無を検査するもので、触覚、痛覚、温度覚等の異常の有無を確認します。むち打ち症等の神経症状の際に行われることが多いようです。

## 治癒
【チユ】

一般的には、傷害が完治した状態をいいます。治癒により治療は終了となり、治癒後の診療費等は、損害として認められないのが原則です。

## 陳旧性
【チンキュウセイ】

慢性期とほぼ同義で用いられる用語です。「慢性期」を参照してください。

## 通院期間
【ツウインキカン】

広い意味では、通院初日から通院終了日までの総期間をいいますが、狭い意味では治癒または症状固定日までの期間をいいます。通院慰謝料の計算は、原則として、後者の通院期間が算定の基礎となります。

業 …… 略語業界用語

## 通院交通費
【ツウインコウツウヒ】
通院、転院、入院、退院時に交通機関または自家用車を利用した費用をいいます。現実に支出した交通費については、原則として全額が損害として認められますが、タクシー代など、その相当性が問題となる場合もあります。

## 通院交通費明細書
【ツウインコウツウヒメイサイショ】
被害者が通院のために現実に支出した交通費（通院交通費）の内訳（通院月日、通院区間、利用交通機関、往復交通費の金額、病院名等）を記載する書面をいいます。自賠責保険では所定の書式があります。

## 通院実日数
【ツウインジツニッスウ】
総治療期間中、実際に通院した日数をいいます。通院期間が長期間にわたる場合には、症状、治療内容、通院頻度を踏まえ、通院実日数の3.5倍程度を通院期間の目安とすることがあります。
また、むち打ち症で他覚所見がない場合等（軽い打撲・軽い挫傷を含む）で、通院が長期にわたる場合には、症状、治療内容、通院頻度を踏まえ、通院実日数の3倍程度を通院期間の目安とすることがあります。

## 付添看護費
【ツキソイカンゴヒ】
近親者や職業付添人が被害者に付き添って看護・介護をした場合の費用をいいます。近親者の付添いの場合には、実際に付き添ってくれた近親者に報酬を支払う必要はありません。近親者が付き添ったことを金銭的な損害として評価するという趣旨から、支出の有無にかかわらず、被害者本人の損害として算定されます。ただし、付添看護費は、いかなる場合でも認められるわけではなく、傷害の内容及び程度、被害者の年齢、被害者と付添人の関係性を考慮のうえ、必要かつ相当な範囲で認められる費用です。付添看護費は、原則として、職業付添人の場合は、実費の全額、近親者の入院付添人は、日額6,500円、通院付添人は、日額3,300円を基準として算定され、症状や被害者の年齢によって増額されることもあります。

## 定期金賠償
【テイキキンバイショウ】
将来的に残存した症状が変動する可能性がある後遺障害逸失利益や、今後の状況に応じて日々発生するであろう将来介護費について、一時金賠償ではなく、履行期ごとに一定金額が定期的に支払われる賠償をいいます。

## 電子カルテ
【デンシカルテ】
従来の紙のカルテを電子化したもの、または電子情報として編集・管理する仕組みをいいます。詳細は、第2章3を参照してください。

## 点数
【テンスウ】
医療機関から受け取る領収書の保険区分の欄に記載される診療報酬点数をいいます。医療行為は、治療内容、病院の規模、入院日数などによってそれぞれ診療報酬点数が決められています。医療費の総額は、診療報酬点数の合計に1点当たりの単価を乗じた額になります。保険診療では1点10円、自由診療では1点20～30円で計算されることが多く、被害者の負担が増大することがあるので、注意が必要です。

## 同意書
【ドウイショ】
加害者側の任意保険会社が被害者の治療費の支払いのために医療機関から診断書やレセプトを受領したり、後遺障害認定の過程で医療記録の取り付けや医療照会を行う際、医療機関に対し、被害者の同意があることを示すための書面をいいます。なかには、同意書にサインをすることで、何らかの不利益を受けるのではないかと、提出を躊躇する被害者の方もいます。しかし、同意書を提出しなかったばかりに、保険会社から医療機関への治療費の支払いがなされず、被害者が治療費を立て替え続けなければならない事態に陥ることもあります。同意書に関する質問があった場合には、適切なアドバイスを行いましょう（『交通事故メソッド』Method 03参照）。

## 特別室
【トクベツシツ】

1室のベッド数が少ない、1人当たりの面積が広い、プライバシー確保のための設備があるなど、特別な療養環境が整った病室をいいます。特別室の利用により発生する追加料金は、原則として、治療費としての賠償対象には含まれません。ただし、例外的に、症状が重篤で、家族の付添いや多くの医療機器を置く広い部屋が必要な場合や、感染症が発症するリスクがあり、医師により個室療養が必要と判断された場合、特別室以外に入院可能な病室がない場合など、治療上、特別室の利用がやむを得ないといえるケースにおいて、追加料金が賠償対象として認められることがあります。

## 入院雑費
【ニュウインザッピ】

入院時に必要な日用品購入費用、電話代、テレビカード代、家族の通院交通費など、入院中、治療費以外に支出した費用をいいます。入院雑費は、1つひとつが少額であることから、立証の煩を軽減するため、定額化されるのが一般的です。自賠責保険では、1日当たり1,100円、裁判実務では、1日当たり1,400〜1,600円程度の定額で算定されます。

## 入院診療録
【ニュウインシンリョウロク】

診療記録のうち、入院中に診療を受けた際に作成されたものをいいます。対義語として外来診療録があります。詳細は第2章3を参照してください。

## 入通院証明書
【ニュウツウインショウメイショ】

医療機関が作成する入院日及び通院日を記載した証明書をいいます。記載の形式・内容は、医療機関ごとに異なります。

## 燃料代
【ネンリョウダイ】

通院、転院、入院、退院時に自家用車を利用した費用をいいます。その場合の実費相当額は、燃料代に換算して算定されます。実際、病院までの道程にガソリンを何リットル費消したかを立証することは困難なことから、通常は、推定額として1km当たり15円程度で算定されます。また、有料道路代や駐車場代も相当な範囲において損害として認められますので、レシートは必ず保管しておきましょう。

## P（Plan）業
【ピー（プラン）】

カルテに記載される略語で、S（Subject：主観的情報）、O（Object：客観的情報）、A（Assessment：評価）を基に考えられた治療計画を意味します。「SOAP」というカルテ記載方法のうちの「P」の部分です。詳細は、第2章3を参照してください。

## ピッチ・マッチ検査
【ピッチ・マッチケンサ】

耳鳴りに対する検査の1つで、低周波数から高周波数の音を聞いてもらい、自分が感じる耳鳴りの音に近い周波数を特定する検査です。これにより得られた周波数を用いて、ラウドネス・バランス検査が行われることとなります。

## ピボットシフトテスト

前十字靱帯の弛緩や損傷に関する検査の1つです。靱帯損傷に関する検査には、内反・外反強制テスト、Nテスト等、さまざまなものがあります。

## 標準高次動作性検査
【ヒョウジュンコウジドウサセイケンサ】

日本高次脳機能障害学会が策定した検査方法の1つで、高次脳機能障害が問題となる際に行われています。

## 文書料
【ブンショリョウ】
診断書、診療報酬明細書等の発行手数料や交通事故証明書・印鑑証明書・住民票等の発行手数料など保険金請求手続きに必要な文書の取得費用をいいます。

## ペインクリニック
麻酔科の医師をはじめとする専門医が、患者の症状や身体的所見から多角的に痛みの原因を診断し、薬物療法だけでなく神経ブロックをはじめとする各種の治療法を駆使し、痛みを軽減・消失させることで、生活の質を向上させることを目的とした治療を行う医療機関をいいます。

## PET検査
【ペットケンサ】
ポジトロンエミッション断層投影法（Positron Emission Tomography）による検査をいい、ポジトロン（陽電子）を放出する放射性薬剤を用いて撮影します。癌に対して行われたりしますが、むち打ち症においても、認知障害、集中力低下、頭痛等の脳に関する症状を訴えた場合に行われることがあります。

## 保険診療
【ホケンシンリョウ】
健康保険等を利用した診療のことで、窓口で治療費の3割を自己負担分として支払う必要がありますが、残りの7割は健康保険等が医療機関に対して支払いをしてくれます。交通事故でも、ほとんどの場合は、保険診療が可能です。当然、保険適用外の治療については利用することはできません。

## 補装具
【ホソウグ】
体の一部やその機能が失われてしまった場合に、失われた身体の一部やその機能を補完するために用いられる道具の総称です。車いす・義肢・義眼・杖・補聴器などが補装具に該当します。交通事故による傷害のため、補装具を使用する必要が生じた場合の購入費用は、相当な範囲内で、損害として認められます。

## マクマレーテスト

半月板損傷・断裂に対する検査で、医療機器を用いずに、手で行われます。

## マッサージ費用
【マッサージヒヨウ】

国家資格を有する柔道整復師、あん摩マッサージ指圧師、はり師、きゅう師が行う施術費をいいます。整体やカイロプラクティックは国家資格を要しない民間療法のため、このカテゴリーには含まれません。受傷の内容、治療経過に照らし、有効かつ相当な範囲の費用は、治療費として認められる場合があります。

## 慢性期
【マンセイキ】

症状は比較的安定しているものの、治癒が困難な状態が続いている時期をいいます。再発予防や身体機能の維持・改善を目指しながら、長期的な治療を必要とする時期です。

## ライトテスト

むち打ち症の患者に対して行われる胸郭出口症候群の誘発テストの1つで、座位で両上肢を外転・外旋させて、橈骨動脈の状況を確認する検査をいいます。

## ラウドネス・バランス検査
【ラウドネス・バランスケンサ】

耳鳴りに対する検査の1つで、ピッチ・マッチ検査で得られた周波数を用いて、音の感覚的な大きさを物理的な音圧、音の強さ（デシベル、dB）として評価する検査をいいます。

## レセプト

診療報酬明細書と同義です。「診療報酬明細書」を参照してください。

# 後遺症の内容・症状固定・等級関係

## 異議申立て
【イギモウシタテ】

自賠責保険の後遺障害の等級認定の結果に対して不服がある場合に（非該当の場合だけでなく、想定していた等級が認められなかった場合も含む）、当該認定結果に異議を述べることをいいます。異議申立ては何度もできますが、異議が認められるためのハードルはそれなりに高いといえます。そのため、異議申立てを行うには相応の準備が必要となり、主治医に意見書等をいただくケースもあります。なお、等級認定の結果に対して不服がある場合（異議申立てを行ったが想定した等級が認定されない場合も含みます）、一般財団法人自賠責保険・共済紛争処理機構の調停を利用する方法もあります。

## 意見書
【イケンショ】

交通事故事案では、他の事案と同様、さまざまな専門家の意見書を提出することがあります。後遺症の場面に限ると、被害者側は、自賠責へ後遺障害等級認定を申請したり、異議申立てをする場面や訴訟で後遺症の内容・程度等を立証する場面において、主治医をはじめとする医師の意見書を提出することが多々あります。加害者側からも、訴訟等において顧問医等による意見書を提出される事もあります。

## 外貌醜状に関する認定基準
【ガイボウシュウジョウニカンスルニンテイキジュン】

従前、外貌醜状の後遺障害等級は、「著しい醜状を残すもの」について、女性は第7級12号、男性は第12級13号が、「醜状を残すもの」について、女性は第12級14号、男性は第14級10号と、男女で異なる扱いをしていました。しかし、このような扱いは男女平等の原則に反する等の批判を受け、平成22年6月10日以降に発生した交通事故については、男女を問わず、「著しい醜状を残すもの」は第7級12号、「醜状を残すもの」は第12級14号とされるとともに、新たに「相当程度の醜状を残すもの」（第9級16号）が設けられました。

## 寄与度減額
【キヨドゲンガク】

被害者側の要因により、事故から通常発生し得ると考えられる損害に比して、実際に発生した損害の程度が拡大している場合に、その拡大部分の損害額を被害者の負担として減額することをいいます。素因減額とほぼ同義で用いられます。「素因減額」も併せて参照してください。

## 後遺障害診断書
【コウイショウガイシンダンショ】

自動車損害賠償責任保険後遺障害診断書の略称です。自賠責保険の定型書式の1つで、後遺症が発生した際に、自賠責の後遺障害等級認定を受ける際に提出するものです。歯牙障害については、通常の「後遺障害診断書」とは別の書式があります。後遺障害等級の認定を行う際に非常に重視されるものですが、医師がその重要性を十分に理解しないまま作成しているように思える事案も散見されます。そのため、事案によっては、作成をお願いするにあたり、医師と面談することが有用な場合もあります。

## コテイ 業

症状固定の略称です。「症状固定」を参照してください。

## 事前認定
【ジゼンニンテイ】

一括社（加害者の任意保険会社）が後遺障害部分に関する損害額を一括払いする前に後遺障害の有無や等級、被害者の重過失減額の有無等を事前に自賠責保険会社に確認し、あらかじめ求償権を行使できる金額を確認する手続きをいいます。後遺障害の等級認定を申請する場合、一括社を通じて行う事前認定によるか、被害者自身が直接相手方の自賠責保険に対して16条請求を行う方法によるか、判断に迷うことがあります。依頼者の中には、事前認定が、一括社を通じて行う事前認定に不信感を抱く方もいますので、十分にメリット、デメリット（これらについては『交通事故メソッド』Method 03をご確認ください）を説明しておくことが重要です。

業 …… 略語業界用語

## 自賠責保険・共済紛争処理機構
【ジバイセキホケン・キョウサイフンソウショリキコウ】

自賠法に基づく「指定紛争処理機関」として国土交通大臣及び金融庁長官の指定を受けて設立された、裁判外紛争処理機関です。現在は、一般財団法人に移行し自動車事故による相談等事業も行われています。

同機構の調停（紛争処理）は書面審査によりなされ、その審査結果が当事者双方に通知されるという流れになりますので、通常の民事調停とは大きく異なります。また、あくまで、自賠責保険の支払いに関する紛争事案（過失の有無、被害者の重大な過失による減額がある場合の過失割合、事故と損害との因果関係、後遺障害等級認定、休業損害等）が対象となることや、調停の申立ては1回しか認められていないことにご注意ください。審査の結果について、自賠責保険会社（共済組合）はその調停結果に拘束されることとなります。

調停は後遺障害に関するものが大部分で、後遺障害等級の認定結果に対して異議申立てを行ったが、結果が変わらなかったから、同機構の調停を利用したという事案もそれなりにあるようです。

## 醜状障害
【シュウジョウショウガイ】

外貌（頭部、顔面部、頸部のごとく、上肢及び下肢以外の日常露出する部分）、上肢の露出面（肘関節以下で手部を含む）及び下肢の露出面（膝関節以下で、足背部分を含む）に醜状障害を負った場合、醜状の程度に応じて、後遺障害等級が認められることとなります。また、日常露出しない部分であっても、醜状の程度に応じて、後遺障害等級が認定されることもあります。

## 症状固定
【ショウジョウコテイ】

傷病に対して行われる医学上一般に承認された治療方法をもってしても、その効果を期待し得ない状態で、かつ、残存する症状が、自然的経過によって到達すると認められる最終の状態に達した時をいいます。要は、治療しても、治療しなくても症状が変わらなくなった状態のことです。症状固定は法律判断であり、裁判所は医師の症状固定に関する判断を尊重しますが、拘束されるものではありませ

ん。そのため、例えば、医師が事故日から2年後を症状固定日と診断したとしても、裁判所はこれを事故日から半年とすることもありますので注意が必要です。

## 神経系統の障害に関する医学的意見
【シンケイケイトウノショウガイニカンスルイガクテキイケン】

自賠責保険の定型書式の1つで、高次脳機能障害が問題となる場合に、医師により作成されるものです。交通事故により高次脳機能障害を負った被害者が自賠責の後遺障害等級の認定を受けるためには、「後遺障害診断書」だけではなく、「神経系統の障害に関する医学的意見」「日常生活状況報告」の提出を求められることがあります。

医師により作成されるものですが、質問事項には被害者（患者）の日常生活に関するものが多く、普段被害者と接している親族の認識と、医師の認識にずれが生じる場合があります。そのため、医師に神経系統の障害に関する医学的意見の作成をお願いする際は、親族の認識等を十分に説明しておくことが重要といえます。

## 素因減額
【ソインゲンガク】

素因とは、被害者が事故前から有していた心因的要因及び身体的要因をいいます。損害の拡大について、被害者の素因が寄与している場合に、過失相殺の考え方を類推して、損害賠償額を減額することをいいます。ただし、被害者に何らかの素因があったとしても、必ずしも素因減額されるわけではなく、減額の対象となる素因を限定的に判断した多くの裁判例が存在します。また、素因減額と過失相殺の両方が問題となる場合の処理方法についても問題となります。まず素因減額をし、その後の残額について過失相殺をするという方法と、素因減額率と過失相殺率を加算して一挙に損害額を減額する方法がありますが、一般的には、まず素因減額をした後に過失相殺をするという方式がとられています。

## 損害保険料率算出機構
【ソンガイホケンリョウリツサンシュツキコウ】

料率算出業務、自賠責損害調査業務、政府保障事業損害調査業務、データバンク業務を行っています。同機構の自賠責調査事務所の役割については、「調査事務所」を参照してください。

## 損保料率機構 【業】
【ソンポリョウリツキコウ】
損害保険料率算出機構の略称です。「損害保険料率算出機構」を参照してください。

## 調査事務所 【業】
【チョウサジムショ】
損害保険料率算出機構が設ける自賠責調査事務所のことをいいます。
自賠責調査事務所は、被害者側及び加害者側（保険会社）から提出された書類等に基づいて（場合によっては、自ら照会するなどして）、事故発生の状況、支払いの的確性、発生した損害の額等を公正かつ中立的な立場で調査し、その結果を損害保険会社等に報告します。後遺障害等級の認定も調査結果の1つとなります。

## 等級表 【業】
【トウキュウヒョウ】
後遺障害別等級表の略称で、自賠法施行令別表第1及び2として定められているものをいいます。後遺障害の等級、その内容、当該等級ごとの保険金額が定められています。

## 日常生活状況報告
【ニチジョウセイカツジョウキョウホウコク】
自賠責保険の定型書式の1つで、高次脳機能障害が問題となる場合に、被害者の親族等により作成されるものです。交通事故により高次脳機能障害を負った被害者が自賠責の後遺障害等級の認定を受けるためには、「後遺障害診断書」だけではなく、「日常生活状況報告」「神経系統の障害に関する医学的意見」の提出を求められることがあります。
被害者の受傷前後の日常行動、問題行動等や身の回りの操作能力、就労・就学状況等といった、後遺障害等級を認定するうえで重要な要素を記載することとなりますので、作成する際は、被害者の親族等と十分に打合せをすることが重要です。
別紙を添付して、詳細な報告を行う事案も多いようです。

## 被害者請求
【ヒガイシャセイキュウ】

自賠法16条により、被害者が加害者の自賠責保険会社に保険金を請求することをいいます（16条請求ともいわれています）。

後遺障害等級の認定を申請する場面においては、一括社を通じて行う事前認定による方法ではなく、被害者が直接、加害者の自賠責保険会社にこれを行うことができます。これも「被害者請求」の一場面です。被害者請求のメリット、デメリットについては『交通事故メソッド』Method 03をご確認ください。

## 非該当
【ヒガイトウ】

自賠責の後遺障害等級認定において、被害者が負った後遺症が、後遺障害別等級表（いわゆる等級表）に定める後遺障害のいずれにも該当しないことをいいます。非該当の場合、自賠責では、後遺傷害慰謝料や後遺症が逸失利益として認められません。ただ、訴訟においては、後遺症の内容・程度によっては、傷害慰謝料が増額されたり、第14級に満たない後遺障害慰謝料が認められたりすることがあります。

## 必携 業
【ヒッケイ】

一般財団法人労災サポートセンターが発行する『労災補償障害認定必携』の略称です。労働災害の後遺障害（労災では「身体障害」といいます）の等級認定方法等について記載されているものですが、自賠責の後遺障害等級認定は労災制度の運用に準じて行われていますので、後遺障害等級の認定が問題になる際は是非ご確認ください。

## 併合
【ヘイゴウ】

系列を異にする後遺障害が2つ以上ある場合に、重い方の後遺障害によるか、またはその重い方の等級を1～3級繰り上げて、当該複数の後遺障害の等級とすることをいいます。複数の後遺障害があっても等級が繰り上がらないケースがあること（重い方の後遺障害によること）や、第14級の場合は、いくつあっても第14級にしかならないこと等にご注意ください。

業 …… 略語業界用語

# 6 逸失利益(休業・後遺障害・死亡)関係

### 青色確定申告控除
【アオイロカクテイシンコクコウジョ】
事業所得等がある者が、その収入金額や経費に関する記帳と書類の保存をし、記帳に基づいて適正な申告をした場合に、所得金額の計算などについて有利な取扱いが受けられる制度をいいます。青色申告の特典の1つに所得金額から最高65万円または10万円を控除するというものがあります。個人事業主の休業損害、逸失利益の基礎収入の算定にあたっては、売上(収入)金額から、売上原価、経費等を差し引いた所得金額で、青色申告控除前の金額を基礎収入とします。青色申告特別控除額は、経費とはいえないため、売上金額から差し引きません。

### 一家の支柱
【イッカノシチュウ】
被害者の世帯が主に被害者の収入によって生計を維持している場合をいいます。被害者が一家の支柱であった場合、裁判基準における生活費控除率は原則として40%(被扶養者1人の場合)ないし30%(被扶養者2人以上の場合)とされています。また、裁判基準における死亡慰謝料についても、一家の支柱の場合には2,800万円と、他の場合に比較して高額に設定されており、増額が認められています。

### 確定申告所得
【カクテイシンコクショトク】
事業所得者や一部給与所得者が当期1年間の会計結果を確定し、国へ申告する手続きを確定申告といいますが、この手続きで申告された所得のことをいいます。事業所得者の場合、休業損害の基礎収入は、原則として、前年度の所得税の確定申告書によって証明することになります。

## 学歴計
【ガクレキケイ】

賃金センサスにおける全学歴対象者の平均賃金の統計です。賃金センサスでは学歴別（中学卒、高校卒、高専・短大卒、大学・大学院卒）の統計がありますが、未就労者の場合には一般的に学歴計のものを用います。

## 家事従事者
【カジジュウジシャ】

主婦など家事労働に従事している者をいいます。男性が専業主夫として家事に従事している場合には、賃金センサスの女性労働者の全年齢平均賃金額を基礎収入として休業損害を算定した裁判例（横浜地判平成24年7月30日交通民集45巻4号922頁〔28182102〕）があります。

## 家事労働部分
【カジロウドウブブン】

兼業主婦（主夫）基礎収入のうち、家事労働の対価として評価される部分をいいます。主婦の家事労働は、財産上の利益を生ずるものであって、これを金銭的に評価することは可能であるとされ、女性労働者の全年齢平均賃金に相当する財産上の収益を上げることを推定し、同額が逸失利益として認められます。

## 課税（非課税）証明書
【カゼイ（ヒカゼイ）ショウメイショ】

住民税額を証明するための書面であり、所得の証明のためにも使われます。休業損害を請求するにあたって、自営業者は自らの所得を証明する書面を提出する必要があり、確定申告書の控えや納税証明書とともに、課税（非課税）証明書を提出することがあります。

## 稼働可能期間
【カドウカノウキカン】

就労可能期間と同義です。「就労可能期間」を参照してください。

## 稼働日数
【カドウニッスウ】

休日などを除いた実際に働いた日をいいます。給与所得者の休業損害の算定にあたり、1日の基礎収入を事故前3か月の給料総額を90日（3か月）で除して算定する考え方があり、保険会社は多くの場合このような考え方に立っています。他方、1日の基礎収入につき、事故前3か月の給料総額を稼働日数で除して算定する考え方があり、この考え方を採用した方が、基礎収入は高くなるため、被害者側はこの考え方に基づく主張をすることが多いです。

## 簡易生命表
【カンイセイメイヒョウ】

日本にいる日本人について、当該年度1年間の死亡状況が今後変化しないと仮定したときに、各年齢の人が1年以内に死亡する確率や、平均してあと何年生きられるかという期待値などを、死亡率や平均余命などの指標によって表したもののことをいい、毎年、厚生労働省が発表しています。死亡時または症状固定時から67歳までの年齢が簡易生命表の平均余命の2分の1より短い場合は、原則として、平均余命の約2分の1が就労可能年数とされています。

## 企業損害
【キギョウソンガイ】

企業の役員や従業員などが死傷した場合に、それによって当該企業に生じた減収等の損害をいいます。裁判実務においては、企業と被害者の経済的な一体性があることや、当該被害者の業務上の代替性がないことなどの要件を満たさない限り、基本的に損害賠償請求を認められないとされています。

## 基礎収入
【キソシュウニュウ】

休業損害や後遺障害慰謝料の算定の基礎となる収入をいいます。基礎収入は事故当時の収入に基づいて計算するのが原則ですが、主婦・家事従事者の場合のように賃金センサスを用いて基礎収入を算定することもあります。

## 休業損害
【キュウギョウソンガイ】
交通事故により傷害を負った被害者が、傷害及びその療養のために休業し、又は十分に稼働することができなかったことにより生じた収入の喪失をいい、消極損害の一種です。被害者が、会社役員、家事従事者、失業者の場合等には基礎収入をいくらとするかが問題になりやすいといえます。また、傷害の内容、程度、治療状況、回復状況等により、逓減方式（時間の経過に応じて、相当な休業率を段階的に下げていく方式）が採用されることもあります。第1章3では、兼業主婦の休業損害の算定方法について記載していますので、参照してください。

## 休業損害証明書
【キュウギョウソンガイショウメイショ】
交通事故に遭った際に、給与所得者が仕事を休んだことによる損害を証明するための証明書です。自賠責保険等に基づき、休業損害を請求する際に、保険会社などに提出することが求められます。

## 休業日数
【キュウギョウニッスウ】
事故により受けた傷害の治療のため会社等を休業した日の数をいいます。休業損害は、1日の基礎収入に休業日数を乗じて計算します。

## 休業補償
【キュウギョウホショウ】
事故により受けた傷害の治療のため会社等を休業し、その間に収入を得ることができなかったこと（主婦・家事従事者の場合は家事労働ができなかったこと）による損害をてん補することをいいます。事故により後遺障害が残った場合に、逸失利益と休業損害の区分けについては、症状固定日までが休業損害、その後は逸失利益として計算します。休業損害は、被害者の1日の基礎収入に休業日数を乗じて計算するのが原則です。

業 …… 略語業界用語

## 休損 ㊝

【キュウソン】

休業損害の略称です。「休業損害」を参照してください。

## 給与所得者

【キュウヨショトクシャ】

勤務先から給料、賞与などの所得を受けている者をいいます。給与所得者が休業損害を請求する場合、休業期間と基礎収入は、勤務先が発行する休業損害証明書や源泉徴収票等を提出して証明します。

## 給与明細書

【キュウヨメイサイショ】

給与の支払いをする者が、支払いの事実を証明するために発行する書面をいいます。休業損害を請求する際に、休業損害証明書には源泉徴収票を添付することが原則として求められますが、源泉徴収票がない場合、給与明細書で代替することも可能です。

## 現価表

【ゲンカヒョウ】

交通事故事案においては、年数ごとに対応するライプニッツ係数や新ホフマン係数が記載されている一覧表です。『赤い本』等に掲載されています。年金現価表と混同しないよう、ご注意ください。

## 兼業主婦（主夫）

【ケンギョウシュフ】

家事とともに仕事もしている主婦（主夫）をいいます。逸失利益の算定にあたっては、現実の収入額の方が賃金センサスにおける女性労働者の全年齢平均賃金額より高い場合は、現実の収入額を基礎として算定しますが、現実の収入額の方が平均賃金より低い場合は、平均賃金を基礎として算定するのが通例です。

## 減収がない場合の逸失利益
【ゲンシュウガナイバアイノイッシツリエキ】
交通事故によって後遺障害が残った場合でも現実には減収がないことがあります。この場合には原則として後遺障害逸失利益は認められませんが、「後遺症が被害者にもたらす経済的不利益を肯認するに足りる特段の事情」（例えば、減収がないことが本人の特別の努力による場合や、職業の性質に照らし昇給・昇任・転職等に際して不利益な取扱いを受けるおそれがある場合）があれば例外として逸失利益を認めることができると解されています（最判昭和56年12月22日民集35巻9号1350頁〔27000112〕）。

## 源泉徴収票
【ゲンセンチョウシュウヒョウ】
給与・退職手当・公的年金等の支払いをする者が、その支払額及び源泉徴収した所得税額を証明する書面をいいます。休業損害を請求する際に、休業損害証明書に、源泉徴収票を添付することが求められます。

## 後遺障害逸失利益
【コウイショウガイイッシツリエキ】
交通事故による後遺障害がなければ得られたであろう利益であり、原則として「1年当たりの基礎収入×労働能力喪失率×労働能力喪失期間に対応するライプニッツ係数（またはホフマン係数）」で計算されます。

## 交通事故による逸失利益の算定方式の共同提言
【コウツウジコニヨルイッシツリエキノサンテイホウシキノキョウドウテイゲン】
平成11年11月22日に、東京地方裁判所、大阪地方裁判所及び名古屋地方裁判所の交通事故の専門部が共同で行った、逸失利益の算定方式に関する提言のことをいいます。それまでは各裁判所により逸失利益の算定方式が異なっていたことから（いわゆる東京方式、大阪方式）、適正迅速な解決、被害者相互間の公平、損害予見可能性による紛争の予防等の観点から、上記3裁判所が共通の算定方式を用いることを提言しました。その骨子は、
①逸失利益の算定における基礎収入は、原則として、幼児、生徒、学生の場合、専業主婦の場合、及び、比較的若年の被害者で生涯を通じて全年齢平均賃金又は

学歴平均賃金程度の収入を得られる蓋然性が認められる場合については、全年齢平均賃金又は学歴別平均賃金によることとし、それ以外の者の場合については、事故前の実収入額によることとする
②逸失利益の算定における中間利息の控除方法は、特段の事情のない限り、年5分の割合によるライプニッツ方式を採用する
というものです。個々の裁判官を拘束するものではありませんが、実務に大きな影響力を与え、以後はほとんどのケースで、これに従った算定がなされています。

## 高齢者
【コウレイシャ】
概ね50歳以上の被害者の逸失利益については、基礎収入と稼働可能期間の算定に注意が必要です。無職であっても就労の蓋然性があれば賃金センサスの男女別学歴計年齢別平均賃金額を基礎収入とすることができますが、就労の蓋然性がなければ基礎収入はゼロとなります。また、死亡時の年齢が67歳に近い場合や67歳を過ぎている場合には、簡易生命表の平均余命年数の2分の1を稼働可能期間とすることとされています。

## 固定経費
【コテイケイヒ】
地代家賃や従業員給料等の、自営業者が事業の継続のために支出する固定の費用をいいます。自営業者の基礎収入算定にあたっては、固定経費も相当性が認められる範囲で休業損害に含まれるとされています。

## 三庁共同提言 【業】
【サンチョウキョウドウテイゲン】
東京地方裁判所、大阪地方裁判所及び名古屋地方裁判所の交通事故の専門部が平成11年11月22日に発表した「交通事故による逸失利益の算定方式の共同提言」のことをいいます。詳細は、「交通事故による逸失利益の算定方式の共同提言」を参照してください。

## 事業所得者
【ジギョウショトクシャ】

自営業者(商業、農業等)、自由業者(士業、芸能人、プロスポーツ選手等)など事業により所得を得ている者をいいます。休業損害については、固定経費も損害として認められますし、代替労働力を利用した場合も損害と認められます。逸失利益については、原則として事故前年の申告所得額を基礎に計算します。

## 実収入
【ジツシュウニュウ】

確定申告で申告した収入額とは離れた、実際に得た収入をいいます。損害賠償は現実に被った損害の賠償であるため、確定申告の申告額と離れて、現実の損害を立証すれば、請求が認められます。もっとも、申告外所得の認定は実務上厳格に行われるため、申告所得を超える収入を立証するには困難を伴う場合も多くあります。

## 死亡逸失利益
【シボウイッシツリエキ】

交通事故に遭わずに生きていれば得られたであろう利益であり、原則として「1年当たりの基礎収入×(1−生活費控除率)×就労可能期間に対応するライプニッツ係数(またはホフマン係数)」で計算されます。

## 死亡後の後遺障害逸失利益
【シボウゴノコウイショウガイイッシツリエキ】

交通事故により後遺障害を残した被害者が、事故と相当因果関係のない別の原因で死亡した場合、被害者が事故の加害者に対して請求することができる後遺障害による逸失利益は、死亡時までの分に限られるのか、被害者が死亡しなければ就労することができたであろう期間までの分が認められるのか、かつて実務の取扱いは分かれていました。現在の実務は、交通事故の時点でその死亡の原因となる具体的事由があり、近い将来における死亡が客観的に予測されていたなどの特段の事情がない限り、死亡の事実は就労可能期間の算定上考慮すべきではないとの扱いが定着しています。

## 就労可能期間
【シュウロウカノウキカン】

死亡事案において、当該被害者が死亡しなければ稼働することができたであろう期間をいいます。原則として、死亡時から67歳までとします。被害者が幼児・児童・生徒・学生の場合には始期を18歳（大学生の場合には大学卒業予定時）とします。また、被害者が高齢者の場合には67歳までの年数と平均余命の2分の1のどちらか長い方を採用します。

## 就労可能年数
【シュウロウカノウネンスウ】

被害者が無事であれば、働くことができた年数をいいます。実務では、原則として67歳までを就労可能年数としています。

## 就労不能期間
【シュウロウフノウキカン】

事故により受けた傷害のため就労ができなかった期間をいいます。休業損害は、被害者の1日の基礎収入に就労不能期間を乗じて算定します。症状固定日までを就労不能期間と認める裁判例は多いですが、症状固定日と就労不能期間は必ずしも一致するものではありません。

## 主婦休損 （業）
【シュフキュウソン】

主婦・家事従事者が、事故により受けた傷害のため家事労働ができなかったことによる損害をいいます。専業主婦の場合には、基礎収入は、賃金センサスにおける女性労働者の全年齢平均賃金額を基礎として算定します。パートタイマー、内職等の兼業主婦については、基礎収入は、現実の収入額と女性労働者の平均賃金額のいずれか高い方を基礎として算出します。

## 昇給
【ショウキュウ】

職能資格の上昇などに伴い、賃金額が上昇する定期昇給と、物価や企業業績などを考量して、賃金の基準額そのものを改定し賃金の底上げを行うベースアップと

からなる、賃金の上昇をいいます。休業期間中に昇給があった場合は、それ以降は昇給後の給与を前提に基礎収入が計算されます。また、事故による傷害に起因して昇給が遅延した場合は、昇給の遅延も損害として認められます。

将来の昇給についての逸失利益については、会社に昇給規定等があり、被害者がそれに従って昇給する可能性がある場合には、昇給を考慮して基礎収入を算定することができるとする裁判例（最判昭和43年8月27日民集22巻8号1704頁〔27000930〕）があります。

### 賞与減額
【ショウヨゲンガク】

交通事故で休業を余儀なくされ、それによって賞与（ボーナス）が減額となった場合をいいます。この場合には、当該減額分を休業損害として請求することができます。請求にあたっては、勤務先が作成する賞与減額証明書や減額の根拠となる就業規則等が必要となります。

### 賞与減額証明書
【ショウヨゲンガクショウメイショ】

賞与減額を受けた場合に、当該減額された賞与の金額、計算式等に関する証明書をいいます。通常は勤務先に作成してもらいます。自賠責保険では所定の書式があります。

### 新ホフマン係数
【シンホフマンケイスウ】

中間利息控除の計算の際に用いられる、ホフマン方式により算出された係数をいいます。

### 生活費控除
【セイカツヒコウジョ】

交通事故により被害者が死亡した場合、本人が生きていれば生活費がかかるため、逸失利益から生活費を控除しますが、これを生活費控除といいます。なお、後遺障害の場合は、生活費を控除しません。

## 生活費控除率
【セイカツヒコウジョリツ】

交通事故により被害者が死亡した場合、本人が生きていれば生活費がかかるため、逸失利益から生活費を控除しますが、控除する逸失利益の掛け率を、生活費控除率といいます。生活費控除率は、一家の支柱であるか、被扶養者の数、女性、男性の区別で変わってきます。

## 専業主婦（主夫）
【センギョウシュフ】

家事にのみ従事している主婦（主夫）をいいます。専業主婦の逸失利益は、賃金センサスにおける女性労働者の全年齢平均賃金を用いて算定する場合が多いですが、被害者の年齢に対応する年齢別平均賃金を用いる場合もあります。専業主夫の場合も、専業主婦と同様に、賃金センサスの女性労働者の全年齢平均賃金額を基礎収入とするのが通常です。

## 代休
【ダイキュウ】

休日労働が行われた場合に、その代償として以後の特定の労働日を休みとすることです。代休を取得して通院した場合に休業損害が認められるかが問題となりますが、これは認められない可能性があります。代休はもともとの休日が代休日に移動しただけ、すなわち、休日に通院にしたのと同じと考えられるからです。

## 退職金
【タイショクキン】

会社から従業員等に対して、退職時に一時金として、あるいは年金として一定の期間継続して、支払われる金銭をいいます。退職金については、会社に退職金規定がある場合は、死亡時に勤務先から支給された退職金と、定年まで勤務すれば得られたであろう退職金（ただし、中間利息は控除します）との差額が逸失利益として認められます。

## 中間利息控除
【チュウカンリソクコウジョ】
将来支払われる(または受け取る)金額を現在の価値に引き直すにあたり、当該支払時(受領時)までの利息を控除することをいいます。逸失利益は、将来にわたって得られるはずであった1年ごとの利益を一時金として前払いするものです。前払いされた金員を本来の支払時期まで保有していれば、運用により過大な利益(利息)が生じることになりますので、公平の観点からその利息分をあらかじめ控除するという考え方がとられています。

## 中間利息控除率
【チュウカンリソクコウジョリツ】
中間利息控除における利率のことをいいます。現在の裁判実務では民事法定利率である年5%とされています。
もっとも、民法改正により民事法定利率が変わると中間利息控除率にも影響が予想されますので注意が必要です。

## 賃金センサス
【チンギンセンサス】
厚生労働省が毎年実施している「賃金構造基本統計調査」の結果であり、賃金に関する統計として最大規模のものです。職種、性別、年齢、学歴等を細かく分類し、主要産業における労働者の賃金が調査されています。休業損害や逸失利益の算定における基礎収入を割り出すときに用いられ、特に、①未就労者の場合、②家事従事者の場合、③全年齢平均賃金程度の収入を得られる蓋然性が認められる場合などに有用です。

## 賃セ 業
【チンセ】
賃金センサスの略称です。「賃金センサス」を参照してください。

## 定年制
【テイネンセイ】
定年年齢到達により自動的に労働契約が終了する制度あるいは定年年齢到達時に

使用者が解雇の意思表示をする制度をいいます。逸失利益、休業損害の算定にあたっては、定年後67歳まで就労可能と認められます。

## 年金現価表
【ネンキンゲンカヒョウ】

交通事故事案においては、年数ごとに対応するライプニッツ係数や新ホフマン係数が記載されている一覧表をいい、『赤い本』等に掲載されています。「年金現価表」の係数は、当該年数分の「現価表」の係数を足し合わせたものとなります。例えば、年金現価表・3年のライプニッツ係数は、現価表・1年のライプニッツ係数（0.95238095）＋現価表・2年のライプニッツ係数（0.90702948）＋現価表・3年のライプニッツ係数（0.86383760）の合計の2.72324803となります（『赤い本』では小数第4桁までの数値が記載されています）。

## 年金受給者
【ネンキンジュキュウシャ】

恩給、年金などにより生計を立てている者をいいます。年金受給者が死亡した場合、被害者が年金の保険料を負担しており、本人及び家族の生活保障を目的としているものは逸失利益が認められます。裁判例では、国民年金（老齢年金、障害基礎年金）、厚生年金（老齢年金、障害基礎年金）、恩給、国家・地方公務員の退職年金、労働者災害補償法の障害補償年金・障害特別年金などがあります。

## 納税証明書
【ノウゼイショウメイショ】

税務署、市区町村の発行する、所得金額を証明するための文書をいいます。休業損害を請求するためには、給与所得者であれば、休業損害証明書や源泉徴収票が必要となりますが、自営業者の場合は、確定申告書の控えや納税証明書の提出が必要となります。納税証明書にはさまざまな種類があるため、納税証明書の提出先に必要な種類を確認しておくとよいでしょう。

## 振休
【フリキュウ】

振替休日の略であり、あらかじめ休日と定められていた日を労働日とし、その代わりに他の労働日を休日とすることをいいます。振替休日に通院した場合に休業損害が認められるかが問題となりますが、これは認められません。振替休日はあくまで休日であるため、休日に通院した場合と同じと考えられるからです。

## 平均賃金 業
【ヘイキンチンギン】

賃金センサスに記載されている、男女計、男女別、年齢別、学歴別の平均賃金をいいます。基礎収入の算定は、事故前の収入を基礎として算出するのが原則ですが、現実の収入が賃金センサスの平均賃金以下の場合、平均賃金が得られる蓋然性があれば、それが認められます。

## ホフマン 業
【ホフマン】

ホフマン方式あるいは新ホフマン係数のことを短く表現した用語です。「ホフマン方式」、「新ホフマン係数」を参照してください。

## ホフマン方式
【ホフマンホウシキ】

逸失利益は、事故がなかったとすれば毎月あるいは毎年収入を得ていたことを前提としたものですが、実際は一時金として受け取ります。したがって、労働能力喪失期間の終期までに受け取るべき収入を現在受け取るため、中間利息を控除する必要があります。中間利息控除の計算方法で代表的なものとしてライプニッツ方式と並んでホフマン方式があります。もっとも三庁共同提言によりライプニッツ方式を採用することが提言されたため、実務でホフマン方式が採用されることはほぼなくなりました。

## 本人寄与部分（寄与率）
【ホンニンキヨブブン（キヨリツ）】

個人事業主の休業損害、逸失利益を算定する際の基礎収入として認められる部分をいいます。事業所得は、①本人の労働によって生み出される部分（本人の寄与

部分)、②従業員等の労働によって生み出される部分、③不動産等の資本から生み出される部分（資本利得）からなります。最判昭和43年8月2日民集22巻8号1525頁〔27000936〕は、企業主が生命または身体を侵害されたため企業に従事することができなくなったことによって生ずる財産上の損害額は、特段の事情のない限り、企業収益中に占める企業主の労務その他企業に対する個人的寄与に基づく収益部分の割合によって算定すべきであるとしています。

## 無職者
【ムショクシャ】

年金等で生活している者、学生、失業中の者をいいます。労働の対価としての収入を得ていない無職者の場合、休業損害は発生しません。失業者については、原則として休業損害は認められませんが、就職が内定している場合や治療期間中に就職できたことの蓋然性が認められれば、休業損害が認められる場合があります。

## 役員報酬
【ヤクインホウシュウ】

会社と会社の役員との間の委任契約に基づき支払われる報酬をいいます。役員報酬は役員の休業によって減額されるものではないため、原則として休業損害の発生は否定されます。逸失利益、休業損害の算定にあたって、役員報酬のうち労務対価部分は基礎収入に算入されますが、利益配当部分は原則として除外されます。

## 有給休暇
【ユウキュウキュウカ】

労働基準法上（39条）または就業規則上、労働者に与えられた、賃金を支給される休暇をいいます。被害者が有給休暇を使ったとしても収入が減らないため、被害者が有休を使用して治療を受けたりした場合に休業損害が認められるかが問題となりますが、休業損害は認められるとする扱いが定着しています。

## ライプ 業

ライプニッツ方式あるいはライプニッツ係数のことを短く表現した用語です。「ライプニッツ方式」、「ライプニッツ係数」を参照してください。

## ライプニッツ係数
【ライプニッツケイスウ】
中間利息控除の計算の際に用いられるライプニッツ方式により算出された係数をいいます。

## ライプニッツ方式
【ライプニッツホウシキ】
逸失利益は、事故がなかったとしても、毎月あるいは毎年受け取ることを前提としたものですが、実際は一時金として受け取ります。したがって、労働能力喪失期間の終期までに受け取るべき収入を現在受け取るため、中間利息を控除する必要があります。中間利息控除の計算方法で代表的なものがライプニッツ方式といい、逸失利益に算定にあたって、基礎収入額及び労働能力喪失率に乗じる係数をライプニッツ係数といいます。三庁共同提言によりライプニッツ方式を採用することが提言されたこともあり実務ではライプニッツ方式がほぼ採用されています。

## 利益配当部分
【リエキハイトウブブン】
報酬のうち労務の対価ではなく会社の利益を役員に分配する部分をいいます。会社役員の逸失利益の算定においては、利益配当部分は原則として賠償の対象から除外されます。

## 労働能力喪失期間
【ロウドウノウリョクソウシツキカン】
交通事故による後遺障害によって、労働能力を失うことになった期間をいいます。後遺障害の逸失利益の算定は、基礎収入額に労働能力喪失率と労働能力喪失期間に対応するライプニッツ係数を乗じて行います。労働能力喪失期間の始期は、原則として症状固定日となります。労働能力喪失期間の終期は、原則として67歳となります。むち打ち症の場合は、後遺症の程度により5年程度（第14級の場合）、10年程度（第12級の場合）に制限されることが多いので、ご注意ください。

## 労働能力喪失率
【ロウドウノウリョクソウシツリツ】

交通事故による後遺障害によって低下した労働能力の程度を比率で表したものをいいます。労働能力喪失率は、労働省労働基準局長通牒（昭和32年7月2日基発第551号）別表労働能力喪失率表を参考とし、被害者の職業、年齢、性別、後遺症の部位、程度、事故前後の稼働状況等を総合的に判断して具体例にあてはめて決定されます。

## 労務対価部分
【ロウムタイカブブン】

報酬のうち純粋な労務の提供により得る部分をいいます。会社役員の逸失利益は、役員報酬のうち労務対価部分のみが賠償の対象となります。労務対価部分は「会社の規模（及び同族会社か否か）・利益状況、当該役員の地位・職務内容、年齢、役員報酬の額、他の役員・従業員の職務内容と報酬・給料の額（親族役員と非親族役員の報酬額の差額）、事故後の当該役員及び他の役員の報酬額の推移、類似法人の役員報酬の支払状況等」を検討して決めることになります（松本利幸「会社役員の休業損害・逸失利益」『損害賠償額算定基準2005年版（下）』日弁連交通事故センター東京支部、16頁）。

# 7 慰謝料（入通院・後遺障害）関係

## 加重（加重障害）
【カジュウ（カジュウショウガイ）／カチョウ（カチョウショウガイ）】

すでに障害（先天的なものや交通事故以外によるものも含みます）のある被害者が、交通事故によって同一の部位について新たに障害を負った結果、等級表上、現存する障害が既存の障害より重くなったことを加重といい、新たに重くなった

後遺障害を加重障害といいます。

自賠責では、加重後の後遺障害に対応する保険金額から、既存の後遺障害に対応する保険金額を差し引いて算出されます。例えば、第14級の既存障害がある者が、第12級の加重障害を負った場合は、224万円（12級）から75万円（14級）を控除した149万円が支払われることとなります。

また、訴訟実務においては、加重障害にかかる後遺障害逸失利益、後遺傷害慰謝料の算出方法について見解が分かれていますのでご注意ください。

### 近親者固有慰謝料
【キンシンシャコユウイシャリョウ】

被害者が死亡した場合及び重度の後遺障害を負った場合に、近親者が受けた精神的苦痛（損害）に対する損害賠償のことをいいます（民法711条）。『赤い本』で示されている死亡慰謝料の基準額には、近親者固有の慰謝料も含まれているとされており、慰謝料の額は同じとされています。しかし、後遺障害の場合は、死亡の場合と異なり、近親者が被害者の介護等のため自由を奪われるという精神的苦痛を受けるため、近親者の慰謝料を請求した場合には、被害者本人の慰謝料のみを請求する場合と比べて慰謝料総額は増える傾向にあります。

### 軽度の障害
【ケイドノショウガイ】

後遺障害等級認定に至らない程度の後遺障害をいいます。交通事故による後遺障害のうち、最も多いものは、頸椎捻挫後の頸部痛・手の痺れ・腰痛・足の痺れ等の症状が残存してしまう障害ですが、後遺障害等級認定の申請をすると、後遺障害等級で最も軽い第14級9号か非該当との結論になる場合がほとんどです。しかし、第14級9号か非該当になるかどうかで損害賠償の金額には大きな違いが生じます。

### 死にも比肩すべき重度の後遺障害
【シニモヒケンスベキジュウドノコウイショウガイ】

判例は、被害者が死にも比肩すべき重度の後遺障害を負った場合は、近親者にも慰謝料請求を認めています。民法711条は被害者が死亡した場合の近親者の損害賠償請求を規定していますが、判例は、被害者が生命を害された場合に比肩すべ

き重度の後遺障害を負った場合に、民法709条、710条により、近親者の慰謝料請求を認めています（最判昭和33年8月5日民集12巻12号1901頁〔27002636〕）。

## 死亡慰謝料
【シボウイシャリョウ】

死亡したことによる精神的・肉体的苦痛（損害）に対する損害賠償のことをいいます。被害者の年齢、家族構成、扶養家族の有無などにより、いわゆる『赤い本』や『青本』に基準額が公表されています。例えば、『赤い本』では、一家の支柱2,800万円、母親・配偶者2,500万円、その他（独身の男女、子ども、幼児等）2,000〜2,500万円との基準額が示されています。

## 傷害慰謝料
【ショウガイイシャリョウ】

傷害を負ったことによる精神的・肉体的苦痛（損害）に対する損害賠償のことをいいます。傷害慰謝料の額は、精神的・肉体的苦痛の程度によって定まりますが、被害者ごとの個別の事情を斟酌することが困難であるため、傷害の程度や入通院の期間に応じて算定した基準額である入通院慰謝料表が目安として用いられています。

## 増額事由
【ゾウガクジユウ】

慰謝料の金額については、個別の事案に照らし、裁判所が諸般の事情を考慮して、裁量的に決定しますが、実務上においては、死亡事案では、被害者の家庭における地位等、後遺障害事案では、被害者の後遺障害等級等によって、定型的に決定される傾向が定着しています。もっとも、当該事案に応じた特殊事情が主張・立証された場合には、基準額よりも増額されることがあります。この特殊事情を増額事由といいます。増額事由の例としては、加害者に故意や重過失がある場合（飲酒運転等）や加害者に著しく不誠実な態度等がある場合などがあります。

## 損害賠償説
【ソンガイバイショウセツ】

慰謝料について、これを民事制裁と考えるのではなく被害者に生じた精神的・肉体的苦痛による損害をてん補するものであるとする考え方をいいます。日本の通

説・判例は民事責任と刑事責任を峻別するべきであるとの考えから、損害賠償説を採用しています。

### 通院慰謝料
【ツウインイシャリョウ】
傷害慰謝料のことをいいます。詳しくは、「傷害慰謝料」、「入通院慰謝料」を参照してください。

### 入院
【ニュウイン】
病院に通うのではなく、病院に宿泊して治療を行うことをいいます。入院による傷害慰謝料は、通院による慰謝料と比べて高額となります。また、傷害慰謝料を算定するうえで、ギプス固定中等の安静を要する自宅療養期間は、入院期間と扱うこともあります。

### 入通院慰謝料
【ニュウツウインイシャリョウ】
傷害慰謝料のことをいいます。傷害慰謝料は、入通院期間を基準に算定されることから、「入通院慰謝料」ともいわれています。また、被害者が通院しただけの場合（入院まではしていない場合）には、「通院慰謝料」ということもあります。

### 入通院慰謝料表
【ニュウツウインイシャリョウヒョウ】
入通院期間を基礎として傷害慰謝料の算定に使われる表をいいます。
公益財団法人日弁連交通事故相談センター東京支部が出しているいわゆる『赤い本』と『青本』に掲載されています。東京地方裁判所では、『赤い本』の基準を使用する場合が多いと思われます。入通院慰謝料表はあくまで目安であり、拘束力を持ちませんが、裁判実務上は特段の事情のない限り、これに基づいて算定されます。

## 別表Ⅰ 業
【ベッピョウイチ】

公益財団法人日弁連交通事故相談センター東京支部が出しているいわゆる『赤い本』に記載されている、傷害慰謝料の算定に使われる表のことをいいます。傷害慰謝料については、原則として入通院期間を基礎として別表Ⅰが使われます。

## 別表Ⅱ 業
【ベッピョウニ】

公益財団法人日弁連交通事故相談センター東京支部が出しているいわゆる『赤い本』に記載されている、傷害慰謝料の算定に使われる表のことをいいます。むち打ち症で他覚所見がない場合等（打撲・捻挫等他覚所見の乏しい傷害全般）には、別表Ⅰではなく、入通院期間を基礎として別表Ⅱが使われます。

## 民事制裁説
【ミンジセイサイセツ】

慰謝料について、損害のてん補とは考えずに加害者に対する被害者の一種の私的制裁であるとする考え方をいいます。日本の判例・学説では、不法行為における損害賠償法の目的は、不法行為によって被害者に生じた損害を「てん補」することであって、不法行為者に対する「制裁」は刑事法の目的であると考える見解が主流です。

# 8 既払金・弁護士費用関係

### 遺族年金
【イゾクネンキン】
国民年金又は厚生年金保険の被保険者又は被保険者であった者が死亡した場合に、その者によって生計を維持されていた遺族に支給される年金をいい、遺族基礎年金、遺族厚生年金があります。財産的損害のうちの逸失利益についてのみ、損益相殺の対象となります。また、死亡事故において被害者の遺族に遺族年金受給者がいる場合には、受給権者の損害賠償請求額からのみ控除し、受給権者ではない遺族の損害賠償請求額からは控除しないこととなります。

### 既払金
【キバライキン】
既払金は、すでに支払われた賠償金のことをいいます。
自賠責保険の損害賠償金や、労災保険給付金、任意保険会社から一括払いがされている治療費、仮払金等がこれに含まれます。

### 控除制限
【コウジョセイゲン】
交通事故に起因して被害者が何らかの給付を受けた場合に、被った損害額から給付額が控除される、いわゆる損益相殺における控除制限をいいます。損益相殺は、原則として、確定している給付額において、現実に給付を受ける者との関係でのみなされます。また、給付の内容及び目的と控除対象となる損害の費目とが異なる場合には、控除が制限されます。例えば、消極損害がてん補の対象となっている給付を積極損害額や慰謝料額から控除することはできないということです。

### 障害年金
【ショウガイネンキン】
公的年金加入者（あるいは受給者）が病気や怪我によって生活や仕事などが制限されるようになった場合に受け取ることができる年金です。障害年金には、障害

基礎年金、障害厚生年金があります。また、障害年金に該当する状態よりも軽い障害が残ったときは、障害手当金（一時金）を受け取ることができる制度があります。消極損害についてのみ損益相殺の対象となります。また、死亡事故において被害者の遺族に障害年金受給者がいる場合には、受給権者の損害賠償請求額からのみ控除し、受給権者ではない遺族の損害賠償請求額からは控除しないこととなります。

## 傷病手当金
【ショウビョウテアテキン】

健康保険法により病気休業中に被保険者とその家族の生活を保障するために設けられた制度で、被保険者が病気や怪我のために会社を休み、事業主から十分な報酬が受けられない場合に支給されます。

## 損益相殺
【ソンエキソウサイ】

交通事故により被害者が損害を被るとともに何らかの利益を得たという場合に、被った損害から得た利益を控除することをいいます。

損益相殺の対象になるとされているものには、自賠責保険の損害賠償額、政府の自動車損害賠償保障事業てん補金、健康保険の傷病手当金、遺族年金、障害年金等が挙げられます。他方、自損事故保険金、搭乗者傷害保険金、生命保険金、傷害保険金、労災保険の特別支給金等は、損益相殺の対象にならないとされています。

## LAC
【ラック】

日弁連リーガル・アクセス・センターの通称です。日弁連は、交通事故などのトラブルに見舞われた市民が、弁護士に法律相談をしたり、交渉や訴訟を依頼したりする際の費用負担の不安をなくすために、保険会社数社と協力して、2000年に法律相談費用や弁護士費用等が保険金として支払われる弁護士保険（権利保護保険）を発足させました。そこで、弁護士保険制度の運営と発展のために設置されたのがLACであり、各地の弁護士会との連絡調整や、保険会社・共済協同組合との協議等の活動を行っています。

## LAC 基準 【業】
【ラックキジュン】

LAC が定めた弁護士保険における弁護士費用の保険金支払基準で、「LAC 報酬基準」とも呼ばれます。弁護士保険（弁護士費用特約）を契約している被保険者が、弁護士保険を利用して弁護士に相談・依頼する場合に、保険会社が弁護士費用を支払うときの支払基準のことです。協定損保会社が保険金の支払基準を定めるとき、弁護士が弁護士保険を使う事案を受任するとき、どちらも LAC 基準を尊重することが求められます。なお、弁護士が独自の報酬基準で契約することもできますが、その場合、LAC 基準を上回る報酬部分は、依頼者（被保険者）の負担となります。

## 老齢年金
【ロウレイネンキン】

現在の年金制度において、65歳から支給される年金のことをいいます。老齢年金は、判例上、逸失利益性が認められています。老齢年金収入の逸失利益は、「老齢年金収入」×「平均余命年数」で算定されます。また、年金収入者が家事従事者であった場合には、年金収入の逸失利益に加え、家事労働の逸失利益が認められる場合もあります。

# 9 死亡事故関係

## 遺体処理
【イタイショリ】

遺体を消毒、保存処理または必要に応じて修復することで長期保存を可能にすることをいいます。エンバーミングともいいます。この費用が損害として認められるかは「エンバーミング費用」を参照してください。

---

【業】……略語業界用語

## 遺体搬送
【イタイハンソウ】

病院等から自宅まで遺体を搬送することです。遺体搬送費については、葬儀とは関係ない費用であるため、葬儀費用とは別に実費が損害として認められています。

## エンバーミング費用
【エンバーミングヒヨウ】

エンバーミング、すなわち、葬儀を行うまでに遺体の状態を保存しておく必要がある場合に、遺体に防腐剤を注入するとともに血液を抜くことにより、遺体の防腐を防ぐことに要する費用をいいます。防腐を防ぐだけでなく、修復・化粧を行うこともあります。原則としては、損害として認められませんが、被害者が外国人の場合で、母国への遺体運搬のために腐敗防止の処置が必要である場合等には、葬儀関係費用として認められます。

## 改製原戸籍
【カイセイゲンコセキ】

法令による戸籍の改製やコンピューター化に伴う改製前の戸籍のことです。略して「原戸籍（ハラコセキ）」とも呼ばれます。戸籍と同様、相続人の範囲を確定するために取得が必要となります。

## 近親者
【キンシンシャ】

被害者の家族や近い親族をいいます。交通事故で被害者が死亡した場合、または死にも比肩すべき重度の後遺障害の場合、その近親者にも固有の慰謝料請求権が認められます（民法711条）。被害者の父母・配偶者・子のみならず、それに準じる者については、事情により同条の適用が認められる場合があります。また、死亡事故以外の場合であっても、生命侵害に匹敵するような重大な傷害事故の場合には、民法709条、710条に基づいて近親者固有の慰謝料請求ができると考えられています。

## 香典
【コウデン】

葬儀等において死者の霊前に供える金品をいいます。受け取った香典が損益相殺の対象となるかが問題となりますが、一般的には香典は喪主が取得するものとされており、損害賠償と関係のない単なる社会生活上の儀礼的な意味での贈与の範囲であるならば、その対象にはならないと解されます。

## 香典返し
【コウデンガエシ】

香典を受けた返礼に物を送ることをいいます。この費用を損害として請求できるかが問題となりますが、損害賠償と関係のない香典に対するお返しですので、損害としては認められません。

## 戸籍
【コセキ】

人の出生から死亡に至るまでの親族関係を登録公証するもので、日本国民について通常一組の夫婦を単位に編製され、日本国籍を公証する唯一の台帳です。死亡事故による損害賠償請求をするためには、相続人の範囲を確定しそのことの証明をするために、被害者（被相続人）の出生から死亡までの連続した戸籍謄本（改製原戸籍謄本、除籍謄本を含む）の取得が必要となります。

## 婚約者
【コンヤクシャ】

被害者と婚約中の者をいいます。生活実態によっては、近親者にあたるものとして民法711条による固有の慰謝料請求権が認められる場合があります。

## 死体検案
【シタイケンアン】

医師が、死亡を確認し、死因や死亡時刻等を判断することをいいます。損害賠償請求や保険金請求においては、死亡の事実や交通事故と死亡との因果関係の確認等のため、死体検案書または死亡診断書の提出が必要となります。死体検案費用については、葬儀費用とは別に実費が損害として認められる場合があります。

業 …… 略語業界用語

## 自賠責の請求権者
【ジバイセキノセイキュウケンシャ】

自賠責保険の請求をできる者であり、加害者（自賠法15条）、被害者（同法16条）が請求権者とされています。また、被害者が死亡した場合には、相続人が被害者本人の請求権を相続するとともに、父母・配偶者（内縁を含む）・子が固有の遺族慰謝料の請求権を取得します。

## 死亡診断書
【シボウシンダンショ】

患者の死亡について医師が作成する診断書のことをいいます。医師の診療管理下にある患者が生前に診療していた傷病に関連して死亡したと認める場合に発行される点で死体検案書と異なりますが、死亡の事実を証明するという効力は同じです。

## 除籍
【ジョセキ】

死亡によって戸籍から除かれること、または、ある戸籍に記載されている全員が死亡等によって戸籍から除かれた結果、当該戸籍に誰もいなくなったために、戸籍簿から除籍簿に移し替えられた戸籍のことをいいます。

## 葬儀費用
【ソウギヒヨウ】

被害者遺族が被害者の葬儀のために支出した費用をいいます。死亡事案における訴訟基準では、葬儀以外の法要費用、仏壇・位牌購入費、墓地購入・墓石建立費などを含めて、原則として150万円が認められています。ただし、葬儀費用が150万円を下回る場合には、実際に支出した金額が認められることとなります。なお、自賠責では、原則60万円とされ、立証資料等により、60万円を超える場合には100万円の範囲内で必要かつ妥当な実費とされています。

## 弔問客接待費
【チョウモンキャクセッタイヒ】

葬儀やお通夜などの儀式に参列する人をもてなす費用をいいます。香典返しと同様に、損害とは認められません。

## 内縁（内縁配偶者）
【ナイエン（ナイエンハイグウシャ）】

婚姻意思と共同生活の実態がありながら婚姻届を提出していない状況またはその当事者のことをいいます。交通事故の死亡事案において、内縁配偶者は法定相続人ではないため、被害者本人の損害賠償請求権を相続することはできません。もっとも、内縁配偶者が被害者に対して有していた扶養請求権の侵害を根拠として損害賠償請求権を認めた判例（最判平成5年4月6日民集47巻6号4505頁〔27814898〕）や、民法711条の「配偶者」に準じて内縁配偶者固有の慰謝料請求権を認めたケース（東京地判平成27年5月19日交通民集48巻3号608頁〔28232799〕）があります。

## 納棺
【ノウカン】

死体を棺に納めることをいいます。納棺費用については、他の葬儀費用等と合わせて、原則150万円まで認められています。

## 引き出物
【ヒキデモノ】

葬儀や通夜などの儀式に参列した人に贈る品物をいいます。香典返しと同様に、損害とは認められません。

## 被扶養者
【ヒフヨウシャ】

他の者の収入により生計を維持されている者をいいます。生活の実態によって判断されますので、所得税や健康保険でいう被扶養者とは必ずしも一致しません。一家の支柱である被害者が死亡した場合、被扶養者の人数により、死亡逸失利益算定の際の生活費控除率は変わってきます（被扶養者が1人の場合は40％、2人以上の場合は30％）。また、相続人でない者が被害者から扶養を受けていた場合は、扶養利益喪失の損害が認められる場合があります。

## 仏具
【ブツグ】

仏教の儀式で使用される日用品とは異なる特殊な道具をいいます。仏壇購入費と同様に他の葬儀費用等と合わせて、原則150万円まで認められています。

## 仏壇
【ブツダン】

仏像や仏具を飾り、礼拝するための壇をいいます。裁判実務では、他の葬儀費用等と合わせて、原則150万円まで認められています。

## 平均余命
【ヘイキンヨメイ】

その年齢まで生きてきた人が、あと何年生きることができるかの平均年数をいいます。厚生労働省の簡易生命表で確認することができます。平均寿命とは違いますので要注意です。

## 墓石
【ボセキ】

墓のしるしに建てる石材製品をいいます。墓碑（ボヒ）ともいいます。墓石建立費について、墓地購入費と同様に、他の葬儀費用等と合わせて、原則150万円まで認められています。

## 墓地
【ボチ】

死体を埋葬しまたは焼骨を埋蔵する施設（墳墓）を設けるために区画された土地をいいます。墓地購入費について、裁判実務では、他の葬儀費用等と合わせて、原則150万円まで認められています。

## 墓碑
【ボヒ】
墓石と同義です。「墓石」を参照してください。

## 未認知の親
【ミニンチノオヤ】
婚姻関係にない女性との間に子をもうけた後、認知を行う前に死亡した被害者を指します。認知をしていない以上その子どもに相続権や遺族慰謝料請求権は認められません。もっとも、民法787条の認知の訴えを経た後で損害賠償請求をすることが可能となります。

# 10 物損関係

## アジャスター 業
保険会社において、事故車両の損害額、事故の原因、損傷部位と事故との技術的因果関係などの調査確認業務を行う技術職の職員です。物損事故においては、損傷の入力角度や損傷部位が問題になることが多く、アジャスターの意見は重要な意味を持ちます。

## イエローブック 業
一般財団法人日本自動車査定協会発行の『中古車価格ガイドブック』のことをいいます。表紙が黄色いため、このように呼ばれています。各メーカーの車種が年式・型式別に記載されており、中古自動車の標準的な小売価格などを調べることができます。自動車業界の関係者を読者層に想定しているとのことであり、この点で、一般消費者を読者層に想定した『シルバーブック』と異なります。

業 …… 略語業界用語

## ウィークリーレンタカー

週単位で借りるレンタカーのことをいいます。1日単位で借りるレンタカーよりも割安になるため、事故車両の修理が長期間にわたる場合に使用するメリットがあります。

## ABS
【エイビイエス】

アンチロック・ブレーキ・システムの略称です。急ブレーキに伴う車両の滑走や制御不能状態に陥ることを防ぐため、ブレーキをかけた際に車輪がロックされないようにする機能です。近年では、ほとんどの車両に装備されています。

## オークション

中古車業者が、中古車を仕入れる際に利用するプロのための競り市のことです。市価より安価に仕入れることができるため、オークションで仕入れた中古車に高額な車両保険をかけていた車両が損傷した場合が問題となります。

## 買替差額
【カイカエサガク】

事故時における車両の時価と、事故車両を売却したときの代金の差額のことをいいます。全損の場合や、車体の本質的構造部分に重大な損傷が生じたことが客観的に認められ、買替えをすることが社会通念上相当と認められる場合には、事故による損害と認められます（最判昭和49年4月15日民集28巻3号385頁〔27000441〕）。

## 買替諸費用
【カイカエショヒヨウ】

車両の買替えを行う場合において、当該車両を使用できる状態にするために要する費用のことをいいます。自動車取得税、消費税、自動車重量税、自動車税、自賠責保険料、車庫証明手続代行費用、検査手続代行費用等がこれに該当します。これらの費用が、損害に含まれるかについては、各用語の解説を参照してください。

## 格落ち 業
【カクオチ】

事故車両に十分な修理がなされた場合であっても、性能や外観が変わったり、事故歴が残ったりするなどの理由で、事故前の評価額よりも修理後の評価額が低くなることをいいます。評価損ともいいます。認める裁判例と認めない裁判例がありますが、初年度登録から間もない車両については認められやすい傾向にあります。

## 休車損
【キュウシャゾン】

タクシーやトラックなどの営業車両が損傷を受け、修理や買替えによって営業活動ができなくなったときに、営業活動が行われていれば得られたであろう逸失利益のことです。一般的に、(1日当たりの営業利益－変動経費)×休車日数によって算定されます。なお、実際に営業活動を行うことができず、損害が発生していることが必要なので、代車料が支払われている場合には、休車損は認められません。

## 協定 業
【キョウテイ】

保険会社のアジャスターが、事故車両の状況を確認したうえで、修理工場との間で修理方法・修理内容について協議し、修理金額について合意することです。一般的に、協定が成立した修理金額については、保険会社が損害額を争うことはありません。

## 空車率
【クウシャリツ】

タクシーなどは、実際に客を乗せて稼働しているとき（実車）と、客を乗せずに流しで走行しているとき（空車）があるため、事故車両が修理のために稼働できないとしても、他の営業車両が空車であれば、その穴埋めが可能となります。そのため、当該タクシー会社における空車の割合が問題となり、その割合を空車率といいます。

業 …… 略語業界用語

## 駆動輪
【クドウリン】
エンジンから生じた動力を受けて自動車を走行させる車輪のことをいいます。FF車（前輪駆動方式）の場合は、前輪が駆動輪であり、FR車（後輪駆動方式）の場合は、後輪が駆動輪となります。

## 経済的全損
【ケイザイテキゼンソン】
事故車両の損傷が、修理は物理的・技術的に可能であるが、修理費が車両の事故当時の時価及び買替諸費用を上回ってしまう状態をいいます。
この場合、修理費を請求することはできず、事故当時の車両価格及び買替諸費用の合計額しか請求することはできません。

## 検査手続代行費用
【ケンサテツヅキダイコウヒヨウ】
新車は運輸支局等で登録してナンバープレートを車体に取り付け、同時に安全・環境基準に適合しているかの検査を受けて車検証が発行されないと、実際に運行することができません。そのための登録・検査手続きをディーラーに代行してもらうための費用（ないし報酬）ということとなります。

## 検査登録事項証明書
【ケンサトウロクジコウショウメイショ】
軽自動車と軽二輪（250cc以下の自動二輪車）について発行される車体番号や検査事項などを記載した書面です。軽自動車と軽二輪については、公の登録制度がないため、登録事項等証明書はなく、代わりに検査登録事項証明書が発行されます。登録制度がないため、譲渡の対抗要件は引渡しです。

## 軽自動車検査協会
【ケイジドウシャケンサキョウカイ】
道運法に基づいて設立された法人で、軽自動車についての検査（車検）業務のほか、名義変更や住所変更、ナンバープレートの発行、廃車等の事務を取り扱っています。

## 工場代車
【コウジョウダイシャ】
事故車両を修理している期間に、修理工場がサービスの一環として貸してくれる代車のことをいいます。レンタカーではないため、正規の賃借料を支払うわけではありませんが、保険会社は、謝礼として、日額3,000円程度を修理工場に支払うことが多いようです。

## 工賃
【コウチン】
事故車両の修理を行う場合に、修理工場における作業に対する報酬をいいます。例えば、フロントフェンダーの交換を行う場合、旧フロントフェンダーを取り外す作業や、新たなフロントフェンダーを取り付ける作業に対する報酬が発生します。ほとんどの見積書においては、作業ごとの工賃が記載されています。

## 購入諸費用
【コウニュウショヒヨウ】
購入した自動車を実際に運行できるようにするために必要な諸手続きを行うための費用をいいます。車庫証明手続代行費用（及び警察署に支払う費用）、検査・登録手続代行費用（及び運輸支局等に支払う費用）及び納車費用が主なものです。これらについて、被害者本人が自ら行うことができるものを業者に代行してもらうことに対する報酬であるとして、損害として認められます。

## 骨格部分（フレーム）
【コッカクブブン（フレーム）】
自動車の本質的な構造部分です。一般社団法人自動車公正取引協議会などが定める自動車業における表示に関する公正競争規約・同施行規則においては、この部分を交換・修理した自動車を販売するに際して、「修復歴あり」と表示しなければならないことが求められています。具体的には、フレーム（サイドメンバー）、クロスメンバー、フロントインサイドパネル、ピラー（フロント、センター及びリア）、ダッシュパネル、ルーフパネル、フロアパネル、トランクフロアパネルがこれに該当します（第2章7参照）。

業 …… 略語業界用語

## 再資源化等預託金
【サイシゲンカトウヨタクキン】
リサイクル料金と同義です。「リサイクル料金」を参照してください。

## 時価
【ジカ】
車両時価と同義です。「車両時価」を参照してください。

## 時価査定料
【ジカサテイリョウ】
自動車の時価を査定業者に査定してもらう際の料金のことをいいます。事故車両が全損になった場合、その損害額は事故直前における時価相当額となり、その査定が問題となります。交通事故との間に相当因果関係が認められることが多いです。

## 事故減価証明書
【ジコゲンカショウメイショ】
交通事故等により、自動車の骨格部分を交換・修理し、修復歴がつくことによって、中古車としての商品価値が下がったときに、原価額を査定する証明書です。一般財団法人日本自動車査定協会が発行しています。

## 事故歴
【ジコレキ】
過去に交通事故に遭ったことのある自動車をいいます。過去に交通事故に遭って、部品の交換・修理を行ったとしても、交換・修理を行った部位が骨格部分でなければ、中古車販売に際して、修復の事実を表示する必要はなく、修復歴がつくことにはなりません。

## 自動車業における表示に関する公正競争規約・同施行規則
【ジドウシャギョウニオケルヒョウジニカンスルコウセイキョウソウキヤク・ドウセコウキソク】
不当景品類及び不当表示防止法31条1項に基づき、自動車販売業界が定めた自主ルールをいいます。表示に関する規約（自動車を購入しようとする消費者に、

価格や品質等に関し適正な情報提供をする）が中心ですが、ほかに景品類の提供制限に関する規約（過大な景品提供の禁止）も設けられています。

### 自動車検査証
【ジドウシャケンサショウ】

運輸支局長が発行する自動車検査証のことをいいます。自動車を運行する際には、有効な自動車検査証の携帯が義務付けられています。車検証には、型式や車体番号など種々の情報が記載されています。ここに記載された所有者が、物損事故の被害者であり、訴訟における原告となることが一般的です。

### 自動車公正競争規約
【ジドウシャコウセイキョウソウキヤク】

自動車業における表示に関する公正競争規約・同施行規則と同義です。「自動車業における表示に関する公正競争規約・同施行規則」を参照してください。

### 自動車公正取引協議会
【ジドウシャコウセイトリヒキキョウギカイ】

自動車メーカーや自動車（二輪車を含む）販売店によって構成される、自動車公正競争規約を運用する一般社団法人です。

### 自動車公取協
【ジドウシャコウトリキョウ】

一般社団法人自動車公正取引協議会の略称です。「自動車公正取引協議会」を参照してください。

### 自動車重量税
【ジドウシャジュウリョウゼイ】

車検などの際に、自動車の重量等に応じて課税される国税です。中古車の購入の際には課税されず、エコカー減税制度もあります。
全損によって買替えを要する場合に、新たに取得した自動車の自動車重量税は損害として認められませんが、事故車両の自動車重量税の未経過分については、自動車税や自賠責保険のような還付制度がないため、損害として認められます。

# 自動車検査証の取得方法

　交通事故事案を扱ううえでは、自動車検査証（いわゆる車検証）により、当該車両に関する権利関係等を確認・立証することがあります。しかし、車検証にも違いがあり、そもそも車検証という名称の文書が存在しない車両もあります。

　まず、車について述べますと、「普通自動車」「小型自動車」の車検証を、紛失等により再発行するときは、対象車両の使用の本拠地を管轄する運輸支局や自動車検査登録事務所で手続きを行います。

　他方、「軽自動車」（排気量 660 cc 以下の三輪・四輪自動車）の車検は、軽自動車検査協会が取り扱っており、車検証の再発行が必要なときは、対象車両の使用の本拠地を管轄する軽自動車検査協会事務所で手続きを行います。

　次に、オートバイですが、「軽自動車」のうち「軽二輪」（排気量 250 cc 以下の二輪車）は、車検自体が不要で、届出だけで使用できることになっています。この届出によって交付される「軽自動車届出済証」が、普通自動車でいう車検証に相当します。届出や再発行は、使用の本拠地を管轄する運輸支局（自動車検査登録事務所）で行います。

　「二輪の小型自動車」（排気量 250 cc を超える二輪車）は、普通自動車と同様、車検が必要で、再発行等の事務は、使用の本拠地を管轄する運輸支局（自動車検査登録事務所）で行います。

　最後に、「原動機付自転車」（排気量 125 cc 以下）は、道路運送車両法上「自動車」ではないので車検という制度はなく、車検証もありません。その代わりになるものとして、「標識交付証明書」という文書があります。これは、原付自転車を市区町村に登録してナンバープレート（標識）の交付を受ける際に発行されるものです。標識交付証明書の再発行は、登録地の市区町村役場で行います。

コラム　自動車検査証の取得方法

## 自動車取得税
【ジドウシャシュトクゼイ】

自動車を取得した際に、取得価額に応じて取得者に課される都道府県税です。中古車の場合の取得価額は、経過年数に応じて減額されます。
車両の買替えが認められる場合には、当該事故がなければ被害者が負担する必要がなかったとして、損害として認められます。

## 自動車税
【ジドウシャゼイ】

自動車の所有に対して課される都道府県税です。税額は自動車の種類、用途、排気量などによって定まります。未経過分については還付を受けられることから、事故車両のために納付した自動車税は、損害とは認められません。

## 自賠責保険料
【ジバイセキホケンリョウ】

自賠責保険の契約者が支払う保険料のことをいいます。金融庁の自動車損害賠償責任保険審議会が、毎年度の料率を決めています。未経過分については還付を受けられることから、事故車両のために納付した自賠席保険料は、損害とは認められません。

## 車検証 ●業

【シャケンショウ】

自動車検査証の略称です。「自動車検査証」を参照してください。

## 車庫証明手続代行費用
【シャコショウメイテツヅキダイコウヒヨウ】

自動車を譲り受けて登録する際、自動車の保管場所が確保されていることの証明書（いわゆる車庫証明）を、保管場所を所轄する警察署で取得する必要があります。その手続きを、自動車を購入したディーラーに代行してもらう場合に支払う費用（報酬）をいいます。
被害者本人が自ら行うことができるものを業者に代行してもらうことに対する報酬であるとして、損害として認められます。

●業 ……略語業界用語

## 車台番号
【シャダイバンゴウ】
自動車及び原付自転車に対し、各車固有に割り振られた識別番号をいいます。国産車では通常「型式-5～7桁の製造番号」となっています。四輪車ではエンジンルーム奥に、二輪車ではメインフレームに、それぞれ打刻されていることが多いです。また、車検証にも記載されています。
軽自動車等の「車両番号」(自動車ナンバー)とは別物なのでご注意ください。

## 車両時価
【シャリョウジカ】
特段の事情のない限り、事故当時の車両と同一の車種・年式・型、同程度の使用状態・走行距離等の車両を中古車市場において取得するのに要する価格をいいます(最判昭和49年4月15日民集28巻3号385頁〔27000441〕)。『レッドブック』や中古車雑誌、インターネット等を参考に、算定されることとなります。

## 車両損害
【シャリョウソンガイ】
交通事故により車両が損傷した場合に生じる修理費用、評価損、代車料、休車損害等のことをいいます。

## 修復歴(修理歴)
【シュウフクレキ(シュウリレキ)】
自動車の骨格部分を交換し、あるいは修復してあることをいいます。一般社団法人自動車公正取引協議会などが定める自動車業における表示に関する公正競争規約・同施行規則においては、骨格部分を交換・修理した自動車を販売するに際して、「修復歴あり」と表示しなければならないことが求められているため、中古車としての商品価値が下がることになります。
なお、骨格部分以外の部分を交換・修理しても、修復歴には該当せず、過去に交通事故に遭ったことのある自動車という意味での事故歴とは異なります。

### 修理費用
【シュウリヒヨウ】
車両が損傷を受けた場合で修理が可能なときは、原則として、必要かつ相当な範囲に限り、損害として認められます。ただし、経済的全損の場合は、修理費を請求することはできず、事故当時の車両価格及び買替諸費用の合計額しか請求することはできません。
なお、修理費用については、協定が成立していればその金額に争いはなくなりますが、成立していない場合には修理工場の見積書やアジャスターの意見書等により立証することとなります。

### 消費税
【ショウヒゼイ】
物品の購入やサービスの享受といった「消費」という行為に対して課される税金です。国税と地方税（地方消費税）があります。自動車の売買にも当然課税されます（ただし、身体障害者が使用するための特殊な改造等をした自動車の譲渡や、改造、修理等の費用は非課税です）。
車両の買替えが認められる場合には、当該事故がなければ被害者が負担する必要がなかったとして、損害として認められます。

### シルバーブック 業
一般財団法人日本自動車査定協会発行の『中古車価格ガイドブック』のことをいいます。表紙が銀色のため、このように呼ばれています。各メーカーの車種が年式・型式別に記載されており、中古自動車の標準的な小売価格などを調べることができます。一般消費者を読者層に想定しているとのことであり、この点で、自動車業界の関係者を想定した『イエローブック』と異なります。

### 新車要求
【シンシャヨウキュウ】
事故車両を新車に買い替えるよう求めることです。車両の損害額は、事故前の時価額と修理費用のいずれか低い方が上限となるため、新車への買替えを要求しても認められません。

業 ……略語業界用語

## 全周傷
【ゼンシュウキズ】

いたずら等によって、車体を一周する傷を付けられた状態のことをいいます。全周損ともいうようです。全塗装が必要なため、修理費用が高額となることや、自動車の全体にわたって傷を付けられることは稀であることから、保険事故の偶然性が争われることが少なくありません。

## 全損 業
【ゼンソン】

車両が完全に滅失してしまったり、大破して修理できない状態（物理的全損）と、修理自体は可能であるが修理費用が車両の時価を上回る状態（経済的全損）を合わせた概念をいいます。

## 全塗装
【ゼントソウ】

自動車の全面を塗装することをいいます。損傷部分のみを塗装した場合、従前からの部分と色合いが異なることがあるため、外観を重視するのであれば、全面を塗装し直す修理が望ましいとされますが、費用は高額となります。もっとも、特段の事情がない限り、全塗装は過剰な修理であるとして、損害に含まれないとされますので、注意が必要です。

## 増加保険料
【ゾウカホケンリョウ】

車両保険の保険料は、契約者が事故を起こすリスクに応じて段階的に等級が設定されています。そのため、自己の加入保険を使用した場合、以後の保険料が高い等級に変更される場合があります。この変更によって増額になった保険料のことをいいます。車両保険に加入するか否かは、被害者に委ねられる選択であることから、増加保険料は損害に含まれないと解されています。

## 操舵輪
【ソウダリン】

ハンドル操作によって方向を変える車輪のことをいいます。通常、自動車はハンドル操作によって2つの前輪が左右に方向を変えるため、前輪が操舵輪です。FF車（前輪駆動方式）の場合は、前輪が操舵輪かつ駆動輪となります。

## 代車料
【ダイシャリョウ】

車が事故によって使用不能になったときに、買替えや修理が済むまで、レンタカー等の代わりの車を用意するための費用をいいます。代車の必要性（事業用に使っているのか自家用か等で程度が異なる）、同等性（事故車と同等の車格の車が必要か）、使用期間の相当性等が問題になり、必ずしも代車を利用した全ての期間の費用が損害として認められるわけではありません。詳しくは、『交通事故メソッド』Method 16 をご確認ください。

## タイヤトレッド

自動車のタイヤにおける接地部分です。タイヤトレッドが磨耗すると、自動車の走行性能が低下し、路面との摩擦係数が低くなるので、自動車を制動させた際の制動距離を伸ばす原因となります。また、交通事故捜査において、タイヤトレッドの付着物によって事故車両を特定するケースも散見されます。

## 登録事項等証明書
【トウロクジコウトウショウメイショ】

自動車の登録内容が記載されている書類で、車検証とほぼ同内容が記載されますが、より詳細な情報（抵当権の有無、税金滞納による差押えの有無など）も記載されます。現時点の登録事項を記載した現在登録事項等証明書と過去の登録事項も記載された詳細登録事項等証明書があります。普通自動車の譲渡の対抗要件は登録となります。

業 ……略語業界用語

## 塗装
【トソウ】

修理の内容として塗装を行う場合、他の箇所と色合いを合わせながら、複数回にわたり塗り重ねる必要があります。そのため、場合によっては、当該損傷部分だけでなく、車両全体を塗装する方法（全塗装）がよいと思われる事案が散見されます。しかし、賠償実務上、損害として認められるのは、当該損傷部分の部分塗装に要する費用の限度であり、全塗装までは認められないことが多いことにご注意ください。

## 日査協 業
【ニッサキョウ】

一般財団法人日本自動車査定協会のことをいいます。「日本自動車検査協会」を参照してください。

## 日本自動車査定協会
【ニホンジドウシャサテイキョウカイ】

中古自動車査定制度を運用している団体です。査定士が参照する査定基準を策定しているほか、『中古車価格ガイドブック』（小売価格を掲載した消費者向けの『シルバーブック』と、卸売価格を掲載した小売業者向けの『イエローブック』があります）や、車種、グレードを特定するためのさまざまな情報を掲載した『査定ガイド』を発行しています。
また、同協会が発行する「事故減価証明書」は、評価損を算定する際の資料の1つとして利用されることがあります。

## 納車費用
【ノウシャヒヨウ】

自動車を購入したときにディーラーから請求される費目の1つです。購入者のところに自動車を運搬する人件費と説明されており、自分でとりに行く場合には発生しません。被害者本人が自ら行うことができるものを業者に代行してもらうことに対する報酬であるとして、損害として認めるかについて見解が分かれています。

## 廃車費用
【ハイシャヒヨウ】
車両を廃車するために必要になる費用をいい、車両の解体費用、リサイクル料金、廃車手続きの費用に大別されています。

## 板金
【バンキン】
車両のボディ（外殻）を形成している鋼板のことをいいます。衝突によって凹んだり傷が付いたりすると、元に戻すために修理が必要になります。部分的な凹みは、裏側から叩いて凹みを戻す（板金修理）が基本になりますが、損傷が大きく修復不能な場合は、その部分の板金を全部取り換える（パネル交換）こととなります。

## 評価損
【ヒョウカゾン】
技術的な限界によって事故による車両の損傷を修復しきれない場合、事故前の機能や外観を100％回復できないので、評価額が下落してしまいます。また、事故による修復歴（事故歴）があるとされてしまった車両は、通常、下取りや売却の際に評価額が下がってしまいます。これらの評価額の下落分を評価損といいます（前者を技術上の評価損、後者を取引上の評価損といいます）。「格落ち損」も同義です。
技術上の評価損については、機能や外観に欠陥が残存してしまう場合には、評価損が損害として認められますが、美観が損なわれたという場合には、車種によっては評価損が認められない場合があります。
取引上の評価損については、「みなし評価損」を参照してください。

## 標識交付証明書
【ヒョウシキコウフショウメイショ】
原動機付自転車と小型特殊自動車について、市区町村が発行する型式や車体番号などを記載した税務上の書類をいいます。原動機付自転車と小型特殊自動車については、公の登録制度がないため、標識交付証明書で所有者等を確認することになります。

## 部品代
【ブヒンダイ】

事故車両の修理を行う場合に、交換する車両の部品（パーツ）を調達するための費用をいいます。例えば、フロントフェンダーの交換を行う場合、新たなフロントフェンダーの部品代が発生します。ほとんどの見積書においては、部品（パーツ）ごとの部品代が記載されています。

## 分損 業
【ブンソン】

全損に至らない程度の損傷で、修理が可能で、修理費用・買替諸費用が当該車両の時価の範囲に収まるものをいいます。

## ホイールベース

前輪の車軸と後輪の車軸との距離のことで、軸距ともいいます。
タイヤ痕から制動距離を算出する際、そのタイヤ痕が、前輪によるものか後輪によるものかによって、ホイールベース分の差異が出ることになります。

## 保管料
【ホカンリョウ】

事故車両を修理や買替え、廃車等にするまで一時的に保管しておくために、修理工場等に支払うことが必要な費用をいいます。保管が必要で、その期間も相当であれば、損害として認められます。

## マンスリーレンタカー

月単位で借りるレンタカーのことをいいます。1日単位で借りるレンタカーよりも割安になるため、事故車両の修理が長期間にわたる場合に使用するメリットがあります。

## 見積書
【ミツモリショ】

物損事故においては、修理工場等が発行する、被害車両の修理費用に関する見積書をいいます。物損事故においては、実際に修理を行っていなくても、修理費用

の賠償が認められています。そのため、被害車両の修理費用の立証は、見積書で足りるケースが多いようです。もっとも、修理費用・内容等に争いがある場合には、見積書の金額・内容が相当であることを立証する必要があります。

## みなし評価損
【ミナシヒョウカゾン】
取引上の評価損（修復歴があるとされ、当該車両の下取り、売却の際の評価額が下がってしまうこと）は、将来の下取りや売却の際に現実化する可能性があるに過ぎず、現実に生じている損害とはいえないとも考えられます。しかし、全く評価損を考えないのは、被害者に著しい不利益を負わせることになってしまい、妥当でないとして、現在価値の下落分を現実の損害額とみなすと考えることができます。

賠償実務では、一般論として取引上の評価損を肯定したうえ、具体的事情に応じて、その有無・金額を判断しています。

## 遊休車
【ユウキュウシャ】
タクシーやトラックなどの営業所において、稼働することなく待機している予備の車両のことです。当該営業所において、事故車両が修理のために稼働できなくなったとしても、予備の車両が存在していれば、その車両が稼働することによって事故車両の穴を埋めることができるため、遊休車があるときは、休車損の発生は消極的に考えられます。

## リサイクル料金
【リサイクルリョウキン】
使用済自動車の再資源化等に関する法律（自動車リサイクル法）に基づき、使用済自動車を廃棄する際に出るシュレッダーダスト（解体破砕後の残滓物）、エアコン冷媒のフロン類、エアバッグ類のリサイクルや適正な処分に必要な費用を、自動車の最終使用者に負担させる料金をいいます（車種等によって金額が異なります）。自動車を新車で購入する場合、販売店経由で公益財団法人自動車リサイクル促進センターにリサイクル料金を支払うこととなります。これに対して、中古車を購入する場合は、販売店経由または直接に前所有者にリサイクル料金相当

額を支払う仕組みになっています。特定の自動車のリサイクル料金が預託されているかどうかは、自動車リサイクル促進センターのホームページで確認できます。

## レッカー代
【レッカーダイ】
事故で自走が不可能になった車両を修理工場等に移動するために、レッカー車での搬送を委託したときに生じる費用をいいます。基本料金及び作業料と、移動距離に応じて決まることが通常です。事故車両を遠方の修理工場まで運んだというような特段の事情がない限り、損害として認められます。

## レッドブック 業
有限会社オートガイド発行の『オートガイド自動車価格月報』のことをいいます。表紙が赤いため、このように呼ばれています。各メーカーの車種が年式・型式別に記載されており、中古自動車の標準的な小売価格などを調べることができます。

## ワンランク下 業
【ワンランクシタ】
事故車が高級外車であったような場合に、相手方保険会社より、1～2ランク下程度の国産高級車が代車として提供されることが多いと思われます。これを拒否して、事故車と同等の高級外車を代車として使用した場合、その合理的必要性が認められる特別な事情がない限り、国産高級車の代車料相当分しか損害として認められません。

# 保険関係

### 青本基準 業
【アオホンキジュン】
傷害慰謝料等の算定方式について、『青本』に記載されている基準のことをいいます。「訴訟基準」、「弁護士基準」とともにご確認ください。

### 赤い本基準 業
【アカイホンキジュン】
傷害慰謝料等の算定方式について、『赤い本』に記載されている基準のことをいいます。「訴訟基準」、「弁護士基準」とともにご確認ください。

### アフロス 業
保険事故発生前に契約締結したように見せかけて、保険事故発生後に保険契約を締結するアフター・ロス契約の略称です。これによって、保険金を不正請求する事案という意味でも用いられています。保険金は支払われず、保険法上も契約は無効になります。

### 一括（一括対応） 業
【イッカツ（イッカツタイオウ）】
交通事故により受傷して治療を受ける際の治療費に関して、任意保険会社が窓口になって、自賠責保険と任意保険の保険金を一括して扱い、医療機関に直接支払いを行うサービスのことをいいます。加害者側に大半の過失があるような場合に実施されます。
任意保険会社は、自賠責保険会社に対して立て替えた自賠責保険金相当額を求償します。

### 一括打ち切り・一括解除 業
【イッカツウチキリ・イッカツカイジョ】
一括対応を行った保険会社が、治療経過及び症状の推移等を踏まえて、症状固定

業 …… 略語業界用語

時期に至ったと判断のもと、以後の一括対応のサービスをやめることをいいます。具体的には、保険会社から医療機関に対する治療費の支払いを打ち切ることがこれにあたります。例えば、むち打ち症では、受傷日から3か月後、そして6か月後が目途とされている様子です。

## 一括社 業
【イッカツシャ】

一括対応を行った任意保険会社のことをいいます。

## インスペクター

損害調査、原因調査、医療調査等各種の調査を担当する調査員のことをいいます。必要に応じてこれらの調査を依頼・利用し、保険会社と連携しながら示談交渉、訴訟活動等を進めていくことも有用です（特にディフェンス事案）。

## 内払い
【ウチバライ】

交通事故による受傷の治療が継続中である等の事情により、損害の全額が確定しないため示談が成立しない場合に、治療費、休業損害または慰謝料等の一部を先に支払うことをいいます。

## 運行起因性
【ウンコウキインセイ】

運行「によって」（自賠法3条）という運行供用者責任の要件です。「運行」（自賠法2条2項）について、判例は固有装置説に立っているといわれ、運行「によって」については、判例・通説では、運行と事故との間に相当因果関係が必要であると考えられています。直接接触していない事故や荷物の積み降しによる事故などの場合に問題となります。

## 運行供用者
【ウンコウキョウヨウシャ】

「自己のために自動車を運行の用に供する者」（自賠法3条）のことをいい、その自動車についての運行支配（所有権、賃借権等の使用権を持ち、又は事実上支配

して自由に使用することができる状況にあること）、かつ、その運行利益の帰属が自己にある者をいいます。

## 運行供用者責任
【ウンコウキョウヨウシャセキニン】
自賠法3条に基づいて運行供用者が負う責任のことをいいます。人損の場合に限って適用されます。運転者の過失について、主張・立証責任が運行供用者側に転換されています。運行供用者については、「運行供用者」を参照してください。

## 運転者年齢条件
【ウンテンシャネンレイジョウケン】
保険契約において設定された、運転者の年齢条件のことをいいます。年齢条件を付けることにより、保険料が割安になります。年齢条件を付けている場合、運転者が年齢条件を満たしていない事故においては、原則として保険金は支払われません。

## カウント事故 業
【カウントジコ】
事故発生により保険契約の翌年度の等級が下がる事故のことをいいます。具体的には、対人事故、対物事故または車両事故を起こし、対人賠償責任保険、対物賠償責任保険または車両保険などを利用する事故がこれに該当します。等級が下がらない事故のことをノーカウント事故といいます。

## 火災新種保険
【カサイシンシュホケン】
火災保険と新種保険のことで新種保険は、伝統的な保険である海上保険、運送保険及び火災保険以外の保険のことをいいます。保険会社ごとに扱う「新種保険」の範囲が異なります。

## 火新 業
【カシン】
火災新種保険のことをいいます。「火災新種保険」を参照してください。

業 …… 略語業界用語

## 家族限定
【カゾクゲンテイ】
保険契約において設定する、家族限定特約のことをいいます。補償される運転者の範囲を一定の家族に限定することにより、保険料が割安になります。当該限定された範囲の者以外が運転していた場合、原則として保険金は支払われません。

## 片賠 業
【カタバイ】
双方に過失及び損害があるものの、一方当事者のみが相手方に対して過失割合に応じた賠償を行い、当該賠償を行った当事者は相手方に対して損害賠償請求を行わずに解決する方法をいいます。少額の損害賠償請求権を有する側の当事者がこれを放棄することで、反対当事者の感情を宥める効果を期待して行われることが多いようです。

## 仮渡金
【カリワタシキン】
被害者救済の観点から、被害者が、損害賠償の金額が確定する前に、医療費や葬儀費などの当面の資金の支払いを自賠責保険会社に請求する（被害者請求する）ことにより得られる金員のことをいいます（自賠法17条）。全ての事故で認められるものではなく、自賠法施行令5条に規定される事故において、同条が規定する金額が請求できることとなります。

## 記名被保険者
【キメイヒホケンシャ】
契約車両を主に使用する者で、保険証券の記名被保険者欄に記載されている者をいいます。補償の中心となる者であり、記名被保険者を基準に補償対象者の範囲や保険料等が決定されます。通常、契約者＝記名被保険者であることが多いと思いますが、必ずしも同一である必要はありません。

## 休業給付（金）
【キュウギョウキュウフ（キン）】
労災保険給付の種類の1つです。業務災害または通勤災害による傷病の療養のた

め労働することができず、そのために賃金を受けていないときに、休業4日目から、休業1日につき給付基礎日額の60％に相当する金額が支給されます。業務災害では休業補償給付、通勤災害では休業給付といいます。

## 休業特別支給金
【キュウギョウトクベツシキュウキン】

労災保険の休業補償給付の要件を満たす場合に、休業補償給付に加えて支給される給付のことをいいます。休業補償給付は、休業4日目から平均賃金の60％相当額が支給されますが、これに加えて労働福祉事業として平均賃金の20％相当額が支給され、両方の合計で平均賃金の80％相当額が支給されることとなります。損害賠償論としては、加害者側から休業損害の賠償を受けていても、休業特別支給金は損益相殺の対象になりません。

## 求償
【キュウショウ】

車両保険または人身傷害補償保険により保険会社が被保険者に保険金を支払った場合に、保険会社が事故の相手方（加害者）に対する請求権を得て、その支払いを請求することをいいます。

## クローズ 業

保険会社において、当該事案についての対応が終了（クローズ）している状態をいいます。示談成立の場合ももちろん含まれますが、相当期間が経過したにもかかわらず相手方から損害賠償請求がない等の場合において、保険会社の判断で対応を終了していることもあります。

## クロス（払い） 業
【クロス（バライ）】

支払方法の1つであり、当事者双方がそれぞれ相手方に対し、過失割合に応じた損害額を支払うことをいいます（⇔相殺払い）。依頼者にとってクロス払いと相殺払いのいずれかがメリットになる事案もあるため、注意が必要です。

業 …… 略語業界用語

## 契約者
【ケイヤクシャ】

保険契約者。保険契約の契約名義人のことをいいます。

## 契約車両
【ケイヤクシャリョウ】

保険契約の対象となる車両（＝被保険自動車）のことをいい、保険証券に記載されています。補償の範囲や保険料等の基準になります。契約車両の入替えには一定の条件があり、また、保険会社への通知が必要です。

## 原因調査
【ゲンインチョウサ】

事故の発生態様に争いがある場合に、当事者双方から事実関係を聴取して事故態様を確認し、過失割合の見解を示す調査のことをいいます。保険会社から依頼を受けて調査会社が実施することが多いです。調査報告書は、訴訟等での利用や公表を予定せず、社外秘であると明記されていることが多いですが、訴訟上、書証として提出されることもあり、裁判所から提出を求められることもあります。

## 健保 〔業〕
【ケンポ】

健康保険の略称です。国保に対し、社保ともいわれます。会社員等の加入者の傷病等に関して保険給付が行われます。窓口での医療費の自己負担分は原則3割であり、これは国保も同様です。全国健康保険協会（協会けんぽ）及び健康保険組合が運営し、保険料は事業主と被保険者が折半で負担します。休業補償の1つの手段として、傷病手当金の受給も挙げられます。

## 権利移転確認書
【ケンリイテンカクニンショ】

車両保険金の受領により、被保険者の有する相手方（加害者）に対する損害賠償請求権が保険会社に移転することを確認するために作成される文書です。被保険者が車両保険を使用する際に、保険会社から署名・押印を求められることが多いです。

## 故意免責
【コイメンセキ】
保険契約者、被保険者等の故意によって生じた損害については保険会社が免責され、保険金が支払われないことをいいます。モラルリスクに対処するための規定の1つです。故意の立証責任は保険会社が負うと解されています。

## 高額療養費制度
【コウガクリョウヨウヒセイド】
医療機関や薬局の窓口で支払った医療費(保険適用のあるもの)が1か月で上限額を超えた場合に、その超えた金額を支給する制度です。上限額は、年齢や所得によって異なります。加入する国保・健保等の公的医療保険に、支給申請を行います。

## 告知義務
【コクチギム】
保険契約締結の際、危険に関する重要な事項のうち保険者(保険会社)が告知を求めたものについて、契約者または被保険者が保険会社に対して事実を告げるべき義務のことをいいます。告知義務違反の場合には、保険契約が解除され、保険金が支払われないことがあります。

## 国保 ●業
【コクホ】
国民健康保険の略称です。他の公的医療保険(健康保険、共済組合等)が適用される者を除く者(自営業者、退職者など)の傷病等に関して必要な保険給付が行われます。市区町村及び国民健康保険組合が運営します。交通事故でも国保・健保の使用は可能ですし、経済的な面では被害者にとってもメリットは大きいと考えられます。

## 個人賠償責任保険
【コジンバイショウセキニンホケン】
個人の日常生活や住宅の使用・管理等に起因して他人に損害を与えて、損害賠償責任を負担することによって被る賠償損害に対して保険金を支払うことを内容と

業 …… 略語業界用語

する保険のことをいいます。自転車事故等の場合には、この保険の付保がないか確認すべきです。

## 個賠 【業】
【コバイ】
個人賠償責任保険のことをいいます。「個人賠償責任保険」を参照してください。

## サービスセンター
契約者とのやり取りや、示談交渉、保険金支払等、実際の事案対応を行う保険会社・共済の各拠点のことをいいます。どのサービスセンターが対応を行うかについては、事故形態や居住地等に応じて決定されるようです。

## 再取得価額
【サイシュトクカガク】
保険の対象の構造、質、用途、規模、型、能力等が同一の物を再築または再取得するのに必要な金額をいいます。新品を再調達するのに必要な金額のことであり、再取得価額そのものを損害額として保険金が支払われるものを、新価保険といいます。

## 差額請求
【サガクセイキュウ】
人身傷害補償保険の保険金と損害賠償額との差額を請求することをいいます。

## 自管賠 【業】
【ジカンバイ】
自動車管理者賠償責任保険の略称です。「自動車管理者賠償責任保険」を参照してください。

## 時効中断申請書
【ジコウチュウダンシンセイショ】
自賠責保険への被害者請求または加害者請求についての時効中断のために、自賠責保険会社に対して提出する書類です。自賠責保険会社から定型書式を取り寄せ、必要事項を記入して2通提出し、時効中断の承認を求めます。時効期間は、被害

者請求の場合は事故日から（後遺障害事案では症状固定日から、死亡事案では死亡時から）、加害者請求の場合は損害賠償を支払った時から、それぞれ3年です。

## 自社認定
【ジシャニンテイ】
自賠責付保がない場合や自損事故の場合等において、後遺障害の等級認定を、損保料率機構ではなく、人傷社等の任意保険会社が自ら行うことをいいます。

## 自損自弁 業
【ジソンジベン】
当事者双方が自己の損害についてそれぞれ相手方に対して請求せず、自己で支弁する（自己負担する）こととして解決することをいいます。過失割合に関する感情的対立が存在する場合などに行われる、物損についての解決方法の1つです。

## 示談（書）省略 業
【ジダン（ショ）ショウリャク】
双方の保険会社同士で、当事者双方が示談書に署名、押印することなく、当事者間で口頭で示談を行うことが確認、了解されたことをいいます。この場合、口頭示談を確認する趣旨で、保険会社間では省略シートなどと呼ばれる書類を取り交わし、支払等手続きが行われることが多いようです。

## 示談代行
【ジダンダイコウ】
保険事故が発生した場合に、保険会社が契約者に代わって事故の相手方との示談交渉を行うサービスのことをいいます。保険会社が保険金を支払う可能性があることから、相手方との示談交渉は保険会社自身の法律事務であると捉えることができ、非弁行為には該当しないと解されています。ただし、約款上、事故の相手方（損害賠償請求権者）が保険会社と折衝することに同意しない場合は示談代行を行うことはできないと定められていることもあります。また、契約者が無過失主張をする場合は、保険会社が相手方に支払う保険金が発生すると考える余地がないため、示談代行を行うことはできないとされています。

業 …… 略語業界用語

## 自動車管理者賠償責任保険
【ジドウシャカンリシャバイショウセキニンホケン】
保管施設において第三者の自動車を管理している間に生じた事故（損壊、紛失、盗取、詐取）または一時的に保管施設外で管理している間の事故について、被保険者（駐車場管理者、整備工場等）が自動車の持ち主に対して法律上の損害賠償責任を負担することによって被る損害に対して保険金が支払われる保険です。

## 自動車損害賠償責任保険
【ジドウシャソンガイバイショウセキニンホケン】
自動車の運行に起因して発生した他人の人身損害につき賠償責任を負う場合に、政令で定める支払基準に基づき保険金を支払うことを内容とする保険のことです。自賠法により、運行の用に供される全ての自動車につき加入が強制されています。

## 自賠 〈業〉
【ジバイ】
自動車損害賠償責任保険の略称です。「自動車損害賠償責任保険」を参照してください。

## 自賠社 〈業〉
【ジバイシャ】
自賠責保険会社のことです。自賠責保険に基づき、被害者の人身損害につき保険金を支払う保険会社のことをいいます。

## 自賠責基準 〈業〉
【ジバイセキキジュン】
自賠責保険の保険金算定基準のことをいいます。
実務では、傷害慰謝料の計算方法（通院実日数×2×4,200円）のことを指すことが多いと思われます。自賠責基準のほかには、任意基準、訴訟基準があります。

## 自賠責保険 【業】
【ジバイセキホケン】
自動車損害賠償責任保険の略称です。「自動車損害賠償責任保険」を参照してください。

## 自賠責保険審査会
【ジバイセキホケンシンサカイ】
自賠責の損害調査において、認定困難な事案や異議申立てのあった事案等の特定事案について審査を行う機関です。弁護士、専門医等外部の専門家が審議に参加するとともに、事案の内容に応じて専門分野に分けて審査が行われています。

## 支払基準 【業】
【シハライキジュン】
人身損害の算定基準のことをいいます。主として、自賠責基準、任意基準及び弁護士基準を指します。

## 車価協定額
【シャカキョウテイガク】
車両保険の契約時に定めた、保険期間中の保険価額のことをいいます。契約時に、市場販売価格相当額に基づき車価協定額を定めることにより、事故発生時点で車両の時価が下落していたとしても協定車価を上限に補償を受けることができます。

## 車両 【業】
【シャリョウ】
車両保険のことをいいます。「車両保険」を参照してください。

## 車両買替え（入替え）
【シャリョウカイカエ（イレカエ）】
車を買い替えた場合等において、保険契約を維持しながら、契約車両を入れ替えることをいいます。新しい車の所有者、用途・車種には一定の条件があり、また、入替えのためには、保険会社への通知が必要です。通知までの間に新車に生じた事故については、原則として保険金の支払いを受けられないため、注意が必要です。

【業】……略語業界用語

## 車両新価特約
【シャリョウシンカトクヤク】
新車で購入した車両が全損となった場合、または修理費が新車価格相当額の一定の割合に達した場合で、車両を買い替えた場合に、契約自動車の新車価格相当額を限度に保険金を支払うことを内容とする特約のことをいいます。

## 車両先行 業
【シャリョウセンコウ】
自動車事故によって物件損害を被った場合に、加害者から損害賠償を受ける前に、被害者自身の車両保険を使用して被害回復を図ることをいいます。被害者の保険会社は支払った保険金の範囲で加害者に対する損害賠償請求権を代位取得することとなります。

## 車両保険
【シャリョウホケン】
自己の車両（被保険者両）が損害を被った場合（交通事故による損傷に限りません）に、これをてん補する保険のことをいいます。任意保険の一種です。

## 重過失減額
【ジュウカシツゲンガク】
自動車の運行に起因して発生した人身事故について、被害者に7割以上の過失が認められる場合には自賠責保険の支払金額が最大で5割減額される制度です。逆にいうと、自賠責保険においては、被害者の過失が7割未満である場合は、支払保険金額は減額されません。

## 15条請求 業
【ジュウゴジョウセイキュウ】
自動車の運行に起因して発生した他人の人身損害に対して、加害者が自ら支払った損害賠償金額につき、自賠責保険会社に保険金の支払いを請求することをいいます。自賠法15条に根拠規定があることから、このように呼ばれています。

## 16条請求 業
【ジュウロクジョウセイキュウ】
自動車の運行に起因して発生した人身事故について、被害者が、加害者が加入している自賠責保険会社に対して、直接、損害賠償請求をすることをいいます。自賠法16条に根拠規定があることから、このように呼ばれています。

## 受傷と死亡又は後遺障害との間の因果関係の有無の判断が困難な場合の減額
【ジュショウシボウマタハコウイショウガイトノアイダノインガカンケイノウムノハンダンガコンナンナバアイノゲンガク】
自動車損害賠償責任保険の保険金等及び自動車損害賠償責任共済の共済金等の支払基準第6の2で定められている自賠責の減額事由です。被害者が既往症等を有していたなどの理由により受傷と死亡又は後遺障害との間の因果関係の判断が困難な場合、民事訴訟では、真偽不明として損害賠償請求は認められないという判断になりますが、自賠責では、死亡による損害及び後遺障害による損害について、積算した損害額が保険金額に満たない場合には積算した損害額から、保険金額以上となる場合には保険金額から5割の減額を行ったうえ、支払いがなされます。

## 人傷 業
【ジンショウ】
人身傷害補償保険のことをいいます。「人身傷害補償保険」を参照してください。

## 人傷一括 業
【ジンショウイッカツ】
交通事故により受傷して治療を受ける際の治療費に関して、人身傷害補償保険会社が窓口になって、自賠責保険と人身傷害補償保険の保険金を一括して扱い、医療機関に直接支払いを行うサービスのことをいいます。人身傷害補償保険会社は、自賠責保険会社に対して立て替えた自賠責保険金相当額を求償し、加害者に対しては、自賠責保険金相当額を超過して支払った保険金額につき求償します。

## 人傷基準 【業】
【ジンショウキジュン】
人身傷害保険により支払われる傷害慰謝料の算定基準のことをいいます。保険会社により異なりますので、保険約款を取り寄せるなどして、必ず内容を確認してください。

## 人傷差額 【業】
【ジンショウサガク】
人身傷害補償保険により支払われる保険金と、『赤い本』により算定される損害賠償額との差額のことをいいます。通常は後者の方が高額です。

## 人傷先行 【業】
【ジンショウセンコウ】
自動車事故によって人身損害を被った場合に、加害者から損害賠償を受ける前に、被害者自身の人身傷害保険を使用して被害回復を図ることをいいます。加害者が賠償責任保険に入っていなかったり、過失割合に争いがあったりするなど、示談まで時間を要する場合に有用です。

## 人身傷害補償保険
【ジンシンショウガイホショウホケン】
自動車事故によって人身損害を被った者を被保険者とし、被保険者自身の過失割合にかかわらず、保険約款に定める基準によって算定された損害相当額を支払うことを内容とする保険のことをいいます。

## 親族免責規定
【シンゾクメンセキキテイ】
賠償責任保険(任意保険)において、損害を負った者が被保険者・運転者の配偶者、子、父母であった場合には保険会社が免責され、保険金が支払われない旨の規定のことです。この場合、通常、損害賠償請求は行われないという考え方が背景にあります。なお、自賠責や人傷による支払いを受けられる可能性はあります。

## スクラップ

直訳すれば鉄くずですが、自動車事故・保険実務上、多くは、全損の場合の損害額算定の場面において、車両時価額から車両処分価格を控除して算定する際の当該処分価格の意味として用いられています（スクラップ価格≒処分価格）。

## 政府保障事業
【セイフホショウジギョウ】

自賠法に基づき、加害自動車につき自賠責保険契約が締結されていない場合や、ひき逃げ等の事案で運行共用者として責任を負う者が明らかとならない場合に、政府の自動車損害賠償保障事業から、政令で定める額の限度において、損害をてん補する制度（自賠法72条）です。支払限度額は自賠責保険の保険金額と同じです（自賠法施行令20条1項）。なお、政府保障事業への請求は、損害保険会社（共済組合）で受け付けています。

## ゼロキュウ 業

一方当事者が相手方に対し、自己の過失9割として、相手方損害額の9割分を賠償する内容の片賠の合意をした状態を指します。「0：9」（ゼロキュウ）の「0」は片賠のため自己の相手方に対する請求は行わないという意味合いです。

## ゼロ主張 業
【ゼロシュチョウ】

当事者の無過失（過失0）主張のことをいいます。いわゆるゼロヒャクの事案以外にも、個別の事故状況を踏まえてゼロ主張をしたり、されたりしますが、主に感情的な面からゼロ主張がなされていると考えられる場合、双方に過失が生じる事案であることを（依頼者にも）丁寧に説明することが求められるでしょう。

## ゼロヒャク 業

過失割合が0：100の事案であることを指します。これに該当するのは、個別事情によりますが、一般的には被追突事案、赤信号進入車vs青信号進入車の事案、センターオーバー事案等が挙げられます。語順を入れ替えた「ヒャクゼロ」も基本的には同じ意味で用いられます。

## 全賠約束 【業】
【ゼンバイヤクソク】

事故直後等に、一方当事者が他方当事者に対し、相手方損害の全額を賠償する旨約束することをいいます。事故状況や損害額が不明確なままこのような約束をしても、後日、約束の内容や約束自体が争われることでかえって紛糾することも多く、賠償責任保険金が全額支払われない可能性もあるため、安易な全賠約束は避けるべきです。

## 相殺（払い）【業】
【ソウサイ（バライ）】

支払方法の1つであり、当事者双方がそれぞれ過失割合に応じて相手方に対して負う債務を対当額で相殺することを合意したうえ、一方当事者が当該相殺後の金額を他方当事者に支払うことにより解決することをいいます（⇔クロス払い）。

## 訴訟基準 【業】
【ソショウキジュン】

訴訟において裁判所が採用する傷害慰謝料の算定基準のことで、『赤い本』の基準のことをいいます。訴訟前の示談折衝においても弁護士が介入すると、この基準に従って交渉が進められることになることが多く、弁護士基準ということもあります。

## 訴訟基準差額説
【ソショウキジュンサガクセツ】

人身事故の被害者に過失がある場合に、人身傷害補償保険金は、損害額のうち、被害者の過失割合に対応する損害部分（加害者に損害賠償請求できない部分）から優先的に充当され、人身傷害保険会社は、保険金の額と訴訟上認められる被害者の加害者に対する過失相殺後の損害賠償請求権の額との合計額が、過失相殺前の損害額を上回る場合に限り、その上回る部分に相当する額の範囲で保険金請求権者の加害者に対する損害賠償請求権を代位取得するとする見解です。最判平成24年2月20日民集66巻2号742頁〔28180412〕によりこの見解を採用するとの判断が示されました。

## 代位 【業】
【ダイイ】

保険代位のことをいいます。車両保険金または人身傷害補償保険金の支払いにより、被保険者の有する事故の相手方(加害者)に対する損害賠償請求権が保険会社に移転することをいいます。

## 対人 【業】
【タイジン】

対人賠償責任保険あるいは対人事故のことをいいます。

## 対人賠償責任保険
【タイジンバイショウセキニンホケン】

自動車事故によって他人を死傷させたことにより法律上の損害賠償責任を負った場合に、自賠責保険で支払われる限度額を超える損害賠償額に対して、保険金を支払う保険です。法律で加入が義務付けられている自賠責保険(これを「強制保険」と呼ぶこともあります)とは異なり、個人の意思により加入することから、「任意保険」とも呼ばれています。

## 対物 【業】
【タイブツ】

対物賠償責任保険あるいは対物事故のことをいいます。

## 対物超過特約
【タイブツチョウカトクヤク】

対物事故において、相手方の車両修理費が時価額を超過する場合に、保険約款に定める条件に従って時価超過額についても補償対象とする特約をいいます。保険会社により補償限度額が異なること、一定期間内に相手方が修理を行っていることという適用条件が存すること、相手方にも過失がある場合には相手方の過失割合に従って減額されることに注意ください。

## 対物賠償責任保険
【タイブツバイショウセキニンホケン】
自動車事故によって他人の財物(車両、ガードレール、電柱等)を損傷させたことにより法律上の損害賠償責任を負った場合に、保険金を支払う保険です。

## 代理店
【ダイリテン】
保険代理店のことをいいます。保険会社から委託を受け、保険商品を販売したり、顧客管理や顧客に対するサポートを行ったりすることを業とする事業者をいいます。

## 他者運転
【タシャウンテン】
自動車保険の被保険者に該当しない者が被保険車両を運転することをいいます。この場合、当然のことながら保険による補償は受けられません。

## 他車運転
【タシャウンテン】
記名被保険者やその家族が契約車両以外の車両を運転することをいいます。この場合に記名被保険者の自動車保険の適用を可能にする他車運転危険補償特約があります。

## 立合 ㊝
【タチアイ】
アジャスターが車両修理費等の算定見積もりをしたり、事故状況を判断したりするために、車両の現物を確認することをいいます。

## 直接請求
【チョクセツセイキュウ】
保険事故によって被保険者の負担する法律上の損害賠償責任が発生し、約款所定の要件を満たす場合に、損害賠償請求権者が、保険者が被保険者に対して支払責任を負う限度において、保険者に対して損害賠償額の支払いを請求することをいいます。

## TSマーク（TSマーク付帯保険）
【ティーエスマーク（ティーエスマークフタイホケン）】
自転車安全整備士が点検整備した自転車に貼付されるTSマークに付帯した保険であり、傷害保険と賠償責任保険が付いています。青色（第一種）と赤色（第二種）の2種類があり、補償内容が異なります。自転車購入時に加入するケースが多いと思われます。

## ディフェンス 業
保険事故における賠償する側・加害者側の立場をいいます。

## 等級 業
【トウキュウ】
ノンフリート契約における保険料算定要素の1つであり、運転者が1から20までの等級に区分され、各等級ごとの割引率・割増率が適用されることにより、保険料が算定されます。事故が発生して保険を使用し、等級が下がることで、次年度以降の保険料が増加することとなります。

## 等級ダウン
【トウキュウダウン】
保険事故の発生により、保険契約の翌年度の等級が下がることをいいます。

## 搭乗者傷害保険
【トウジョウシャショウガイホケン】
契約車両の搭乗者が死傷した場合に支払われる保険です。受傷部位や症状、入通院日数等に応じて、あらかじめ契約で定められている金額が支払われる定額給付方式の傷害保険です。人傷が搭乗者傷害の補償範囲をカバーする面があるため、人傷の普及に伴い減少傾向にありますが、より速やかに保険金を受領できる等のメリットもあります。

業 …… 略語業界用語

## 特別支給金 [業]
【トクベツシキュウキン】

労災事故で傷病を負った、あるいは、死亡した場合に、保険給付とは別に、労働者又は遺族の福祉増進の観点から、社会復帰促進等事業の一環として支給される給付のことをいいます。休業特別支給金、障害特別支給金、遺族特別支給金、傷病特別支給金、障害特別年金、障害特別一時金、遺族特別年金、遺族特別一時金、傷病特別年金の9種類があります。

## 2 自賠使う [業]
【ニジバイツカウ】

双方に過失のある自動車事故では、同乗者は双方（2台）の自賠責保険に請求することが可能です。2台分の自賠責保険が使えるため、「2 自賠使う」です。念のためですが、損害額が2倍になるわけではなく、支払いを受けられる自賠責保険の保険金額（上限）が2倍になるというものです。

## 任意基準 [業]
【ニンイキジュン】

対人賠償責任保険会社における傷害慰謝料等の算定基準のことで、任意保険基準ともいいます。自賠責基準よりは高額となりますが、通常は訴訟基準よりは低額です。

## 任意保険
【ニンイホケン】

法律上加入が義務付けられている保険（自賠責保険）とは異なり、個人の意思により加入する保険のことをいいます。対人賠償保険、対物賠償保険、車両保険、人身傷害補償保険をはじめとするさまざまなものが存在します。

## 認定修理費
【ニンテイシュウリヒ】

車両修理費等の損害につき、アジャスターが相当と認める金額のことです。修理工場の見積額よりも控え目に算定されることが多いです。アジャスターと修理工場の協議により金額の折り合いがつけば協定となります。

## 年齢条件 ㊝
【ネンレイジョウケン】

運転者年齢条件のことをいいます。

## ノンフリート（契約）㊝
【ノンフリート（ケイヤク）】

契約者が所有・使用する自動車の合計付保台数が9台以下の場合における、自動車保険契約の契約形態をいいます。個人が自動車保険に加入する場合、通常はノンフリート契約になるでしょう。ノンフリート契約では、1〜20に区分された等級によって保険料の算定（割引率・割増率）が異なります。

## 賠償責任保険
【バイショウセキニンホケン】

被保険者が法律上の損害賠償責任を負担することによって被る損害、すなわち、賠償すべき相手方の損害をてん補するための任意保険です。大きくは、相手方の人身損害をてん補する対人賠償責任保険と相手方の物的損害をてん補する対物賠償責任保険の2つに分かれます。

## 賠責 ㊝
【バイセキ】

賠償責任ないし賠償責任保険のことをいいます。

## 被保険者
【ヒホケンシャ】

保険契約において保険の補償を受ける対象者のことをいいます。保険約款上、契約者と一定の関係にある者は被保険者に該当する可能性があるので、当人自身が保険契約を締結していない場合でも注意が必要です。

## ファミリーバイク特約
【ファミリーバイクトクヤク】

被保険者が所有、使用または管理する原動機付自転車を契約車両とみなし、記名被保険者またはその家族が当該原動機付自転車に乗車中などに生じた事故を補償

する特約のことをいいます。対人・対物のほか、契約によっては人傷も適用されます。バイク自体に任意付保がない場合にも、この特約による補償を受けられる可能性がありますので、要確認です。

## 負傷原因届
【フショウゲンイントドケ】
負傷により傷病手当金や高額療養費等の健康保険の給付を申請する場合に提出が必要な書類です。全国健康保険協会のホームページに書式が載っています。相手方がいる交通事故の場合には、併せて第三者行為による傷病届の提出も必要です。

## 付保（する）
【フホ（スル）】
保険を付けること、保険に加入することをいいます。

## フリート（契約） 業
【フリート（ケイヤク）】
契約者が所有・使用する自動車の合計付保台数が10台以上である場合における、自動車保険契約の契約形態をいいます。法人契約の場合等に多く見られ、基本保険料や保険料の割引率・割増率等においてノンフリート契約の場合と異なるメリット・デメリットが存在します。

## 弁護士基準 業
【ベンゴシキジュン】
訴訟基準と同義です。任意基準、自賠責基準によるよりも訴訟基準による方が、被害者に有利となります。そのため、被害者側の代理人に就任した弁護士は、訴訟提起前であっても（示談交渉の場面でも）訴訟基準に従って損害額を算定して加害者側に請求することが多いといえます。そのため、訴訟基準は「弁護士基準」とも呼ばれています。

## 弁護士費用特約
【ベンゴシヒヨウトクヤク】
被保険者が弁護士委嘱した場合に、弁護士費用の補償を受けることのできる特約をいいます。弁護士費用特約のみの使用であれば保険事故としてカウントしないとする約款が多いです。

## 弁護士保険
【ベンゴシホケン】
法律相談費用や弁護士費用等が保険金として支払われる保険のことです。
「権利保護保険」とも呼ばれます。現在、自動車保険（共済）、火災保険、傷害保険の特約等として、各保険会社・共済協同組合から販売されています。日本弁護士連合会と協定を結んでいる保険会社・共済協同組合の加入者は、交通事故などのトラブルに遭って弁護士に依頼しようとするときに、日本弁護士連合会・各地の弁護士会を通じて身近な弁護士の紹介を受けることができます。また、すでに弁護士の知り合いがいる場合でも、一定の手続きにより、弁護士保険を利用することが可能です。

## 弁特 (業)
【ベントク】
弁護士費用特約のことをいいます。「弁護士費用特約」を参照してください。

## 保険価額
【ホケンカガク】
保険の対象の評価額を金銭的に評価した額をいいます。ある物・事象について保険を付けることのできる上限を示すものであり、被保険者は保険事故により被る可能性のある損害を超過する額につき保険を通じて利得を図ることは禁じられています（利得禁止の原則）。

## 保険基準 (業)
【ホケンキジュン】
任意基準と同義です。「任意基準」を参照してください。

---

(業) …… 略語業界用語

## 保険金額
【ホケンキンガク】
保険事故の発生により保険者が支払う保険金の額をいいます。

## 保険金請求権者
【ホケンキンセイキュウケンシャ】
保険金の支払いを請求できる者をいいます。

## 保険者
【ホケンシャ】
保険契約の当事者として保険事故が発生した場合に、保険金の支払いをすることを引き受ける者をいいます。保険会社や共済組合がこれに該当します。

## 保険証券
【ホケンショウケン】
保険会社が交付する、契約者・被保険者等の当事者、被保険自動車、補償内容や保険金額、保険期間、保険料等の保険契約の内容が記載された書面のことをいい、契約成立及び契約内容の証拠となるものです。
保険法ではこの用語そのものは廃止されましたが、実務上は現在も広く用いられている用語であり、重要な書面です（近時は、書面としては発行されないケースもあります）。

## 保険料
【ホケンリョウ】
保険契約者が、保険契約に基づき、保険者（保険会社）に支払う金銭をいいます。
ノンフリート契約においては、保険契約の継続年数や保険事故の有無・回数により定められる等級に応じて保険料の金額が決定されます。

## 保険料差額
【ホケンリョウサガク】
保険事故が発生して保険を使用した場合に等級が下がることで増額される保険料の金額と、保険を使用せず等級が据置きとなった場合の保険料の金額との差額を

いいます。軽微な接触事故等の場合には、保険金支払額よりも保険料差額の方が高額となり、保険使用に経済的デメリットがあることもありますのでご注意ください。

## 保険料率
【ホケンリョウリツ】
一定の保険金額に対する保険料（の割合）のことをいいます。自動車保険では、自動車の用途・車種、運転者の年齢や事故歴等によりリスクが異なることを前提に、そのリスクを区分し、各区分について定めた保険料率を適用することで、リスクの差異に応じた保険料が算出されています（保険料率区分）。

## 補償限度額
【ホショウゲンドガク】
保険会社が支払う最高限度額として約定された金額（＝保険金額）です。車両保険では契約車両の市場価格に照らし、人傷では各人の年齢、収入等を踏まえ、それぞれ設定されていますが、対人・対物ではこれを無制限とする例が多いと思います。なお、自賠責保険では、自賠法施行令２条及び別表第１・第２において保険金額が定められています。

## 保有者
【ホユウシャ】
自動車の所有者その他自動車を使用する権利を有する者で、自己のために自動車を運行の用に供するものをいいます（自賠法２条３項）。

## 無制限
【ムセイゲン】
保険契約上、補償限度額を設けていないことをいいます。相手方の損害をてん補するための賠償責任保険（対人・対物）では、保険契約時には相手方損害額は不明であり、高額賠償のリスクを避けられないことから、無制限と定める例が多いように思われます。

## 無責
【ムセキ】
保険対象外であり、保険会社に保険金の支払責任がないことをいいます。実務上は、その前提として、交通事故事案に限らず、損害賠償請求を受けた当事者が、自己に過失がないまたは債務不履行ないし帰責性がないため、損害賠償責任を負わないこと（その主張）の意味で用いられることも多いと思います。

## 無保険車
【ムホケンシャ】
無保険車傷害保険にいう無保険車とは、相手方自動車において、対人賠償等がない場合、対人賠償保険等から保険金が支払われない場合、対人賠償責任保険等の保険金額が無保険者傷害保険の保険金額より低い場合、当て逃げ等で不明の場合をいいます。

## 無保険車傷害保険
【ムホケンシャショウガイホケン】
対人付保がない等の無保険自動車との事故により、被保険者が死亡または後遺障害を被り、相手方から十分な補償を受けられない場合に支払われる保険です。死亡・後遺障害事案のみが対象です。自賠責超過分について対人賠償の基準により支払われ、過失相殺されます。

## 免責金額
【メンセキキンガク】
保険契約において設定する、契約者または被保険者の自己負担額をいいます。自動車保険では、支払保険金の計算にあたり損害額から差し引かれる金額という意味であることが多いでしょう（ディダクティブル）。免責金額の設定内容や金額等は保険契約の定めによります。保険料軽減、事故多発防止等の趣旨があります。

## 免責証書 業
【メンセキショウショ】
一方当事者（被害者側）だけが署名押印して相手方（保険会社）に対して差し入れる、事故の解決内容及び損害賠償金（保険金）の受領後は一切の請求を行わな

い旨（加害者側を免責する旨）が記載された書面です。人身事故やゼロヒャクの事案等において、双方署名押印する示談書の代わりに広く用いられています。

### モラルリスク
放火、殺人その他の偽装事故により、保険加入者が不当に保険金を取得しようとする危険であり、当該放火、殺人等の事故自体やこれによる保険金不正請求事案を指して用いられることもあります。故意免責の規定等を根拠に、保険金支払いが謝絶されます。

### 約款
【ヤッカン】
保険会社が作成する、契約者・被保険者等と保険会社それぞれの権利義務等保険契約の内容を定める保険約款をいいます。保険金請求を行う場合等、あらゆる場面で約款の確認が必要になります。近時は、インターネット上で閲覧可能な約款も増えてきています。

### 有責 業
【ユウセキ】
保険会社に保険金の支払責任があることをいいます（⇔無責）。
実務上は、その前提として、損害賠償請求を受けた当事者に損害賠償責任があることの意味でも用いられています。

### リサーチ会社
【リサーチガイシャ】
保険会社から依頼を受け、当事者からの事故状況に関する聞き取り調査等の各種調査を行う会社のことをいいます。全て自力でできるのが理想かもしれませんが、時間や資源は有限です。妄信してはいけませんが、必要に応じ、利用できるものは上手く使いこなすことで、効率的な事案解決につながることもあります。

業 …… 略語業界用語

## 労災 【業】
【ロウサイ】

労働者災害補償保険の略語です。業務中の交通事故（業務災害）、通勤中の交通事故（通勤災害）について、支給要件を満たすと、各保険給付を受けることができます。損益相殺の対象とならない特別支給金の支払いを受けられる、過失相殺の場合にも費目間の流用が禁止されているなど、被害者にとってメリットとなる面があります。

## 労災事故
【ロウサイジコ】

労災の適用のある事故のことです。

# 刑事関係・行政関係

## 青切符
【アオキップ】

一時停止違反等、軽微な交通違反を犯した運転手に対して、警察官から交付される交通反則告知書の通称で、書面の色から青切符と呼ばれています。反則行為となる事実や反則金等、道交法施行令46条1項に列挙された事実が記載されています。青切符を交付された場合、通告を受けた日の翌日から起算して10日以内に反則金を納付すれば刑事手続きに移行することはありませんが（道交法128条2項）、納付しない場合には刑事手続きに移行することになります（同法128条1項、130条）。

## 赤切符
【アカキップ】
無免許運転等、重大な交通違反を犯した運転手に対して、警察官から交付される告知票の通称で、書面の色から赤切符と呼ばれています。青切符と異なり、反則金の納付によって、刑事裁判を免れることはできませんが、違反事実を認めている場合には、略式手続き（刑事訴訟法461条以下）や即決裁判手続き等（同法350条の2以下）、通常の刑事裁判の手続きより簡易な手続きによることが多いようです。

## 当逃げ
【アテニゲ】
物損事故を起こした運転手等が、警察官等にその事故を報告することなく事故現場を離れることで、3月以下の懲役又は5万円以下の罰金が科されます（道交法72条1項後段、119条1項10号）。
人身事故を起こした場合に、警察官への報告を怠った場合等には、ひき逃げとなります。

## 一次元衝突
【イチジゲンショウトツ】
追突事故のように、衝突前後の運動が一直線上に認められる衝突態様をいいます。一方向からの力によって車両が損傷することから、損傷状態から衝突速度を推定することが比較的容易な衝突態様です。

## 違反点数
【イハンテンスウ】
反則点数と同義です。「反則点数」を参照してください。

## 飲酒運転
【インシュウンテン】
飲酒後、アルコールを体内に保有した状況で自動車を運転することの総称で、酒気帯び運転と酒酔い運転に分類されます。
体内に保有されていたアルコール量が、酒気帯び運転に至らない微量であった場

合、刑事罰を科されることはありませんが、運転に何らかの影響を及ぼしたものと認められる場合には、民事上の賠償責任を判断するにあたって、過失割合等を認定する際に考慮されることもあり得ます。

## 運転
【ウンテン】

道路で車両又は路面電車を本来の用い方に従って用いることをいいます（道交法2条17号）。「本来の用い方に従って用いた」とは、「単にエンジンを始動させただけでは足りず、いわゆる発進操作を完了することを要［する］」（最判昭和48年4月10日刑集27巻3号334頁〔24005263〕）と解されています。

## 運転中止義務
【ウンテンチュウシギム】

被告人の過失を認定する際に問題となる結果回避義務の一種です。飲酒や薬物による影響、疲労、運転技術の未熟さ等、運転すること自体が危険であると判断される場合に課される義務です。

速度調節義務等と異なり、運転行為自体を過失として処罰するもので、運転手に大きな負担を課すことになるため、上述したような運転行為自体が極めて危険であるような場合に認められ、降雪等の道路状況等を理由に認められることは極めて限定的です。

## Nシステム
【エヌシステム】

ナンバー自動読取装置の略称です。走行中の車両のナンバーを読み取り、登録済の手配車両等のナンバーと照合させ、ナンバーの一致が見られた場合に、付近の警察官に通知するシステムです。主として、ひき逃げ犯等、逃走した被疑者を発見するためなどに用いられています。

## オービス（ORBIS）

もともとはアメリカのボーイング社の商標でしたが、自動速度違反取締装置の通称として用いられています。最判昭和61年2月14日刑集40巻1号48頁〔27803409〕によって、合憲・適法な取締方法として認められました。

## オドメーター

自動車の積算走行距離計のことです。トリップメーターと異なり、数値をリセットすることができないため、対象車両がこれまでに走行した合計距離を知ることができます。

## カーロケーションシステム

パトカー等の警察車両の現在位置、進行方向、活動状況等の情報を地図端末装置に表示させる機器のことです。警察官が、110番通報を受けた際などに、各警察車両に対して指令を出すために用いられるほか、捜査機関以外の運転手が、交通違反の取締りを避けるために、警察車両の現在位置を確認する目的で利用される場合もあります。

## 科学警察研究所

【カガクケイサツケンキュウジョ】

警察庁に附属する国立研究機関で、犯罪科学に関する総合的な研究を行っています。交通事故分析や交通事故の鑑定については、交通科学部の交通科学第三研究室が担当しています。専ら、刑事事件における捜査の一環として鑑定を行っており、捜査機関以外の依頼に応じて、鑑定等を行うことはありません。

## 科学捜査研究所

【カガクソウサケンキュウジョ】

警視庁や各道府県警察本部の刑事部に設置されている研究機関です。警察庁や各道府県警察本部によって、研究所の構成は異なりますが、交通事故に関する鑑定等の業務は、物理科等、物理関係を担当する部署によって行われています。科学警察研究所と同様、捜査機関以外の依頼に応じて、鑑定等を行うことはありません。

## 下命容認事犯

【カメイヨウニンジハン】

自動車の使用者等が、運転手に対して、飲酒運転、無免許運転、過労運転、最高速度違反等の法律違反行為を命令・容認する犯罪で、道交法75条に定められています。交通事故の発生原因や運転手の過失の有無だけではなく、使用者等に対する突き上げ捜査が行われます。

## 過労運転
【カロウウンテン】
疲労の影響により、正常な運転ができないおそれがある状態で車両等を運転する行為のことで、道交法66条で禁止されており、同法117条の2の2第1項7号によって、3年以下の懲役又は50万円以下の罰金が科されます。業務として車両を運転する運転手に適用されることが多いため、過労を判断するための一基準として、厚生労働省が、自動車運転者の労働時間等の改善のための基準を制定しており、1日当たりの最大運転時間や連続運転時間等を定めています。

## 簡約特例書式
【カンヤクトクレイショシキ】
捜査機関が、被害者の傷害の治療日数が約3週間以下の人身事故等に関する事件を送致する際に用いる書式で、特例書式をさらに簡略化したものです。被疑者供述調書や被害者供述調書についても、不動文字によるチェック方式が採用されており、本書式で送致された事件については、基本的に不起訴処分相当として扱われているようです。

## 危険運転致死傷
【キケンウンテンチシショウ】
危険な運転によって人に傷害を負わせまたは死亡させた場合に成立する罪のことです。従前は刑法208条の2に定められていましたが、「自動車の運転により人を死傷させる行為等の処罰に関する法律」の制定に伴い、同法2条及び3条によって規定され、刑法典からは削除されました。
同法については、「自動車運転処罰法」を参照してください。

## 救護義務
【キュウゴギム】
人身事故又は物損事故を起こした車両の運転手等に対して、負傷者を救護することのほか、道路上の危険を防止する措置をとることを求める義務のことです。ひき逃げ犯や当て逃げ犯等、救護義務を履行しなかった場合、刑罰が科されます（道交法72条1項前段、117条）。
救護義務違反は、原則として、被害者の負傷の程度や、運転手の故意・過失にか

かわらず、事故を起こした運転手に課されますから、危険運転致死傷罪等が成立しない場合であっても、救護義務違反の罪は成立し得ます。もっとも、運転手が事故を起こしたことについての認識がなければ、救護義務違反の故意がなく、この罪は成立しません。

## 共同危険行為
【キョウドウキケンコウイ】

複数の自動車等を連ねて運行させるか併進させることによって、交通の危険を生じさせる運転態様をいいます。刑罰として、2年以下の懲役又は50万円以下の罰金が科されることになります（道交法68条、117条の3）。
運転行為によって直接迷惑を被った人がいなくても、共同危険行為が認められる場合には、刑罰が科されます。

## 交角
【コウカク】

交差点や道路の曲がり角の角度をいいます。角度が急であるほど、視認状況が困難になりますから、交角が急であることは、運転手に対して徐行義務等の自動車運転上の義務を課す根拠になります。

## 光電式測定
【コウデンシキソクテイ】

車両の走行速度を測定する方法の1つです。光電式車両検出器を2台設置し、走行車両が最初の検出器から発射されている赤外線を遮断してから、2台目の検出器から発射されている赤外線を遮断するまでの時間を測定することで、車両の速度を測定します。速度超過が検出された場合には、検出器の操作を担当する警察官が、違反車両の停止を担当する警察官に速度超過車両の特徴を伝えます。
検出器設置区間を複数の車両が同時に通過した場合等、違反車両の取違いも生じ得るため、測定結果の信用性が争われることもあります。

## コンベックス

断面が湾曲した金属製の小型巻尺のことです。直立性があるため、始点を人の手で固定する必要がなく、現場調査等の際に、1人で距離を計測することができます。

## 酒酔い運転
【サケヨイウンテン】
体内にアルコールを保有したうえ、アルコールの影響によって正常な運転ができない状態で自動車等を運転することをいいます。酒気帯び運転より刑罰が加重されており、5年以下の懲役又は100万円以下の罰金が科されます（道交法117条の2第1号）。酒気帯び運転と異なり、アルコールを保有しているだけでは足りず、お酒に酔った状態で運転することが求められますから、同じ量のアルコールを摂取した場合でも、酒酔い運転にあたるかどうかの結論が異なることがあります。

## 仕上げ方法
【シアゲホウホウ】
道路の路面の整えられ方のことです。材質や塗装の有無によって、タイヤと路面の摩擦係数に影響を与えます。摩擦係数は、路面の仕上げ方法のほか、路面の乾燥状態や経年劣化によっても変動します。

## 自動車運転過失致死傷
【ジドウシャウンテンカシツチシショウ】
自動車等の運転によって人を死傷させた場合に成立する犯罪です。運転態様が危険であること等から危険運転致死傷罪が成立する場合には、本罪は成立しません。従前は、刑法211条の2に規定されていましたが、現在は自動車運転処罰法5条に定められており、刑法典からは削除されています。

## 自動車運転処罰法
【ジドウシャウンテンショバツホウ】
悪質かつ危険な運転行為によって多数の生命が奪われるような事件に対して、適切な刑罰を科すことができるように、平成25年11月に成立し、翌26年5月20日に施行された法律です。危険運転致死傷罪や過失運転致死傷罪等が定められています。本法の成立によって、自動車の運転に関する罪については、刑法典ではなく、特別法によって規定されることになりました。

# 危険運転致死傷罪と道交法違反の罪数関係

　飲み会に参加して泥酔した状態で自動車を運転し、自動車を被害者に衝突させて死亡させてしまった場合、危険運転致死傷罪だけでなく、道交法の酒酔い運転の罪（117条の2第1号）も成立するのでしょうか。

　最判昭和49年5月29日刑集28巻4号114頁〔27661751〕は、「自動車を運転する行為は、その形態が、通常、時間的継続と場所的移動とを伴うものであるのに対し、その過程において人身事故を発生させる行為は、運転継続中における一時点一場所における事象であつて、……社会的見解上別個のものと評価すべきであつて、これを一個のものとみることはできない」と判示して、業務上過失致死罪と酒酔い運転の罪について、両罪が観念的競合の関係にあるとの弁護人の主張を排斥しました。

　しかし、自動車運転処罰法2条は、酒酔い運転であることを、危険運転致死罪の構成要件として定めていますから、現行法のもとでは、両罪は、法条競合の関係にあるものといえそうです。業務上過失致死罪と酒酔い運転の罪を併合罪として処理した上記最高裁判決の射程は、危険運転致死罪が問題となる事案には及ばないものと考えられています。

## 自動車運転処罰法5条
【ジドウシャウンテンショバツホウゴジョウ】
改正前刑法211条2項が定めていた自動車運転過失致死傷罪と同様の規定が定められています。自動車運転処罰法2条や3条のような、重大な過失が認められない場合に適用されることから、被害者の怪我の程度にもよりますが、罰金刑等の比較的軽微刑罰が科される事案が多いです。本法が自動車の運転によるものを対象としていることから、罪名が過失運転致死傷罪に改められています。

## 自動車運転処罰法3条
【ジドウシャウンテンショバツホウサンジョウ】
アルコール又は薬物の影響下における運転行為のうち、運転開始時には、同法2条1号が定める「正常な運転が困難な状態」にまでは陥っていないものの、走行中に当該状態に陥る危険性がある状態で運転を開始し、人を死傷させた場合に、危険運転致死傷罪が成立することを定めた条文です。本条は、同法2条と異なり、類型化された危険運転行為であることを認識したうえで自動車を運転しているわけではないので、故意犯としては扱われておらず、裁判員裁判の対象にはなりません。同法2条と本条は、運転開始から事故を起こすまでの間の運転態様等の事実をもとに、運転開始時の運転手の状態を判断し、区別して適用されています。

## 自動車運転処罰法2条
【ジドウシャウンテンショバツホウニジョウ】
飲酒運転等、危険な運転態様を類型化したうえで、類型化された運転態様によって人を死傷させた場合に、危険運転致死傷罪が成立することを定めた条文です。類型化された運転態様は、暴行と同様に、人の生命や身体に対する危険性を有する行為として理解されているため、そのような危険な行為であることを認識したうえで自動車を運転した結果として人を死傷させたという結果的加重犯として扱われており、過失運転致死傷罪等と異なり、故意犯として定められています。
その結果、「故意の犯罪行為により被害者を死亡させた罪」（裁判員の参加する刑事裁判に関する法律2条1項2号）として、裁判員裁判の対象になります。
アルコールや薬物の影響下における運転によって人を死傷させた場合について、自動車運転処罰法2条のほか、同法3条も設けられており、いずれの罰条を適用すべきかについて争われる事例も少なくありません。

## 自動車の運転に支障を及ぼすおそれがある病気
【ジドウシャノウンテンニシショウヲオヨボスオソレガアルビョウキ】

統合失調症やそう鬱病等、自動車運転処罰法施行令で列挙されている病気のことです。列挙されている病気の影響によって、正常な運転が困難な状況に陥り、人を死傷させた場合には、自動車運転処罰法3条の危険運転致死傷罪が成立します。もっとも、自動車の安全な運転に必要となる能力を欠くおそれがある症状を呈していない場合は、医師からの列挙された病名に罹患している旨の診断を受けていたとしても、本病気には該当しません。

本病気は、運転免許の許否又は保留の事由となる病気として列挙されている病名（道交法90条1項1号、同法施行令33条の2の3第1～3項）とほぼ重なっています。

## 車間距離保持義務
【シャカンキョリホジギム】

先行車両と一定の距離を保持して走行する義務のことで、道交法26条に定められています。道路の先方を走行する車両との追突を回避するための義務で、高速道路において車間距離保持義務に違反した場合には、3か月以下の懲役又は5万円以下の罰金が科されます（同法119条1号の4）。

運転手が被害者を発見した時点では被害者との衝突が不可避である事案において、先行車両との距離を一定以上に保っていれば早期に被害者を発見できたと認められる場合には、車間距離保全義務の違反を過失として捉え、過失運転致死傷罪等の成立を認める裁判例も散見されます。

## 酒気帯び運転
【シュキオビウンテン】

アルコールを体内に保有した状態で運転することで、血液1mlの内0.3mg又は呼気1ℓの内0.15mgのアルコールを保有した場合には、酒気帯び運転にあたります（道交法施行令44条の3）。

酒酔い運転と異なり、アルコールによる影響が大きくなくても処罰の対象となり、3年以下の懲役又は50万円以下の罰金が科されます（道交法65条1項、117条の2の2第3号）。

---

業 …… 略語業界用語

## 図化機
【ズカキ】
立体視できる2枚の写真を用いて現場の状況を紙面に表すことのできる機械のことです。交通事故の捜査においては、ステレオカメラで撮影された写真が利用されます。

## ステレオカメラ
2つのレンズを用いて現場を同時撮影することによって、交通事故現場を立体的に把握し、各地点間の距離を測定するのできるカメラです。図化機を用いることで、撮影した写真を簡単に図化することができるため、広範囲の現場の実況見分を行う際に活用されます。

## 前方左右注視義務
【ゼンポウサユウチュウシギム】
周囲の安全を確認しながら自動車を走行させる義務のことで、安全運転義務（道交法70条）の一種です。運転手の過失を検討する際に、被害者の発見が遅れる等の事情があった場合には、前方左右注視義務違反を理由に過失が認められることになります。携帯電話の使用等、過失の原因となる行為と併せて認定される事例が多く見られます。

## 速度調節義務
【ソクドチョウセツギム】
安全を確保できる速度まで、自動車の速度を落として運転する義務のことです。指定速度を超える速度で走行していた場合だけでなく、悪天候や路面の凍結等の道路状況から、指定速度以下の速度で走行することを求める場合もあります。速度超過によって、被害者との衝突を回避できなかった場合には、速度調節義務違反を過失と捉える事例が多く見られます。

## 舵角
【ダカク】
ハンドルの切れ角のことです。この角度が大きいほど、車両を急転回することができます。また、衝突時の舵角を明らかにすることで、事故車両の回避措置の内

容を認定することも考えられますので、過失の有無や過失割合を判断する際に考慮されることがあります。

### 追尾式測定
【ツイビシキソクテイ】

警察官が、白バイやパトカー等の警察車両で、測定対象車両と同速度で追従走行し、警察車両の瞬間速度によって、対象車両の走行速度を測定する方法です。
一定の距離を保って測定対象車両を追従する場合であっても、道路の勾配やアクセルの踏み方によって速度に変化が生じ得るため、追尾式測定方法に基づく測定結果の証明力には限界があるものとされています。
そこで、制限速度を相当程度超過していることが明らかな車両のみを対象とする等の工夫がなされているようです。

### 停止表示器材
【テイシヒョウジキザイ】

交通事故等によって走行中の車両を停車させる際に、自車が停車していることを周囲に知らせるための停止表示板や停止表示灯等の器材で、車道に自動車を停車させる際には、同器材の使用が義務付けられています（道交法75条の11）。
過失運転致死傷罪等の刑事裁判において、被害車両が同器材を利用することなく停車していた場合であっても、直ちに被告人の過失が否定されるわけではありませんが、量刑の理由として考慮されているようです。

### 点数制度
【テンスウセイド】

運転手の過去の一定期間の交通違反等に一定の点数をつけ、その合計点数に応じて、免許取消や免許停止の行政処分を行う制度のことです。
点数は過去3年間のものが累積されます。

### 特例書式
【トクレイショシキ】

捜査機関が、被害者の傷害の治療日数が約3か月以下の人身事故等に関する事案を送致する際に用いる書式で、送致書と捜査報告書を一本化すること等によって、

捜査機関の負担を軽減するものです。
交通事故事案においては、犯罪の要因となる加害者の身辺関係や行状等が問題となる事例が少なく、詳細な捜査資料を作成する必要性が低いため、このような書式が用いられることになったようです。

## トラフィックカウンター
特定の区間の通過車両台数を計測する機器の呼称で、通過車両の種別等を分類できるものもあります。
過失運転致死傷罪の犯人性を争う事案等において、他の車両が被害者に衝突した可能性を指摘するために、本機器が用いられることもあります。

## トリップメーター
区間走行距離計のことです。給油の際等に数値をリセットすることで、一定の期間に走行した距離を知ることができます。そこで、自動車の運転を開始してから事故を起こすまでの経路を明らかにする際の証拠としても用いられます。

## 二次元衝突
【ニジゲンショウトツ】
交差点での出会い頭衝突事故のように、衝突前後の運動が一平面上に認められる衝突態様のことをいいます。複数の方向からの力によって、車両にさまざまな損傷が生じ得るため、損傷状態から衝突速度を推定することが困難な衝突態様です。

## 二点式測定
【ニテンシキソクテイ】
一定の測定区間を定め、対象車両が同区間の始点を通過した際にストップウォッチを始動させ、同区間の終点を通過した際にストップウォッチを停止させることで、対象車両の速度を測定する方法です。
警察官の手動で速度を測定するため、誤差が生じる可能性が高く、レーダー式測定等が普及した後は、ほぼ採用されていないようです。

## 反則金
【ハンソクキン】

速度超過等、道交法別表第2に掲げられた違反行為に及んだ運転手に対して、罰として納付が求められる金銭のことです。反則金を納付しない場合には、通常の刑事手続きに移行することが予定されています。

反則行為と同行為に対する反則金の金額は、同法施行令別表第6によって定められています。

## 反則点数
【ハンソクテンスウ】

交通事故や交通違反を起こした運転手に対して与えられる点数で、一定の点数に達した場合、運転免許が停止または取り消されることになります。

違反行為等によって与えられる点数については、道交法施行令別表第3に定められており、前歴の有無や数に応じて、免許停止または免許取消となる点数が決められています。

## 免許停止
【メンキョテイシ】

免許の効力を一定期間発生させないことを内容とする行政処分です。免許取消と同様、道交法103条、道交法施行令38条に規定されています。

免許停止期間中は免許の効力が生じていないので、免許停止期間中の運転は無免許運転となります（道交法64条）。

講習を受けることで、免許停止期間を短縮することも可能です。

## 免許取消
【メンキョトリケシ】

免許の効力を将来的に向かって消滅させる行政処分です。道交法103条に定められており、取消事由は道交法施行令38条に列挙されています。

免許が取り消された場合、再度免許を取得しなければ自動車等を運転することはできません。また、取消事由に応じて欠格期間が定められており、同期間中は免許を取得することができません。

## 免停 【業】
【メンテイ】
免許停止の略称です。「免許停止」を参照してください。

## 免取 【業】
【メントリ】
免許取消の略称です。「免許取消」を参照してください。

## レーダー式測定
【レーダーシキソクテイ】
走行中の自動車に電波を投射し、反対波の周波数の変動によって、対象車両の速度を測定する方法をいいます。裁判例によって、その正確性が確認されていますが、電波の投射角度等によって測定結果に影響が生じ得るため、測定方法の正確性を争うことで、測定結果の信用性を争うことは可能です。

# 13 その他

## 青本 【業】
【アオホン】
公益財団法人日弁連交通事故相談センター本部編『交通事故損害額算定基準―実務運用と解説―』を指します。青い装丁のためこのように呼ばれます。『赤い本』と並び、専門家による執筆であり信頼の高い書物です。『赤い本』との使い分け方等については、『交通事故メソッド』Method 01 を参照してください。入手するには、注文取寄せとなります。

## 赤い本 ㊥
【アカイホン】

交通事故の世界では、公益財団法人日弁連交通事故センター東京支部編『民事交通事故訴訟損害賠償額算定基準』を指します。赤い装丁のためこのように呼ばれます。年に1度、最新裁判例等を反映更新されたものが発刊されます。交通事故事案を取り扱う弁護士にとってはまさに必携です。近時は、上下巻に分かれており、下巻は裁判官や医師等の講演録が収録されています。講演録についてはテーマ一覧を作って整理をしている弁護士もいます（『交通事故メソッド』Method 01参照）。なお、『レッドブック』とは別の書物です。

## あっせん
【アッセン】

「和解あっせん」ともいいます。申立人（被害者）が、和解あっせんを交通事故紛争処理センターの相談担当弁護士に要請し、かつ、相談担当弁護士が和解あっせんが必要と判断した場合には（通常は2回目以降）、センターから相手方保険会社・共済に来所を要請し、当事者の出席を得て、和解あっせんを行います。相談担当弁護士は、当事者双方から話を聞き、中立公正な立場で争点・賠償額など、和解のためのあっせん案（解決方法）をまとめ、当事者双方に提示します。和解あっせんによって合意に至った場合は、相談担当弁護士の立会いのもとで、示談書または免責証書を作成します。

## あっせん弁護士
【アッセンベンゴシ】

和解あっせんの要請を受けて和解あっせんが必要か否かを判断する相談担当弁護士のことをいいます。交通事故事案に精通した弁護士の中から公益財団法人交通事故紛争処理センターが委嘱しています。

相談担当弁護士は、当事者双方から話を聞き、中立公正な立場で争点・賠償額など、和解のためのあっせん案（解決方法）をまとめ、当事者双方に提示します。

## ADR
【エイディーアール】

裁判外紛争解決手続きの総称です。Alternative Dispute Resolution の頭文字をとったもの。交通事故の世界では、公益財団法人交通事故紛争処理センターにおける和解あっせん、公益財団法人日弁連交通事故相談センターの示談あっせんなどが代表的です。

## 黄色本 業
【キイロボン】

公益財団法人日弁連交通事故相談センター愛知県支部編『交通事故損害賠償額算定基準』のことをいいます。黄色い装丁からこのように呼ばれます。東京、大阪ではその存在を知る者は相当の事情通ですが、『赤い本』、『青本』と同様、相当高度な専門家が編集に関与しているため、特に愛知県周辺では弁護士必携とされています。

## 起算点
【キサンテン】

時効期間のカウントを始める時点のことです。交通事故の場合では、損害及び加害者を知った時とされています。改正民法においても、この点は、物損、人身損害において変更はされないようです。

## 交通事故電話相談
【コウツウジコデンワソウダン】

公益財団法人日弁連交通事故相談センターにおける電話相談のことです。予約のうえ、交通事故事案に関して面談相談もできるほか、保険会社・共済との間で示談あっせんを依頼できます。全国に相談所があります。相談場所・時間等はホームページ（http://www.n-tacc.or.jp/index.html）を参照してください。

## 交通事故紛争処理センター
【コウツウジコフンソウショリセンター】

自動車事故による損害賠償事件の ADR 機関です。自動車事故の被害者と加害者が契約する保険会社または共済組合との示談をめぐる紛争を解決するため、被害

者と保険会社等との間に立って法律相談、和解あっせん及び審査手続きを無料で行います。専門家の助言を受けながら手続きを利用できるため、常に弁護士等の代理人を付ける必要もありません。本部、支部の設置されている地域が札幌、仙台、東京、大阪、名古屋、広島、高松、福岡等高裁のある地域に限定されているので、それ以外の地域に居住する被害者も利用できないわけではありませんがアクセスが大変になります。利用は電話予約から始まりますが、詳しくは、公益財団法人交通事故紛争処理センターのホームページ（http://www.jcstad.or.jp/index.htm）を参照してください。

## 時効の中断
【ジコウノチュウダン】
時効の完成を阻止するための措置です。現行民法は、裁判上の請求、差押え・仮差押え・仮処分、承認等を定めています。弁護士が損害賠償請求権の消滅時効完成間近に損害賠償請求の依頼を受けたときは、急いで訴訟を提起するなど中断措置が必要です。保険会社は不正な保険金請求等の事案でなければ案外消滅時効を援用しないものですが、もし援用されてしまったら弁護過誤ですので要注意です。改正民法では、書面による協議の合意を行うことによって、合意から1年（当事者がそれより短期を定めた場合はその期間）、協議の続行を拒絶する旨の通知から6か月のうち、いずれか早い時まで時効完成を猶予する制度が創設されることになりました。

## 自動車事故対策機構
【ジドウシャジコタイサクキコウ】
独立行政法人自動車事故対策機構のことです。「ナスバ（NASVA）」ともいいます。交通事故による現実の損害賠償を受けるまでの間、被害者、遺族である義務教育修了前の児童、交通事故損害賠償について債務名義を得たが弁済を受けるのに困難を伴うと認められる者に対し必要な資金の貸付けを受けることができます。

## 消滅時効
【ショウメツジコウ】

一定期間権利行使されないことで権利消滅させる制度です。時効完成によって利益を受ける者の援用により効果が確定すると説明する立場が有力です。交通事故事案では、加害者、(保険会社・共済)への請求は、被害及び加害者を知った時から3年間、不法行為の時から20年を経過した時も同様とすると権利行使期間が定められています。自賠責保険への請求については、①傷害による損害は事故日の翌日から起算して3年、②死亡による損害は死亡日の翌日から起算して3年、③後遺障害による損害は症状固定日の翌日から起算して3年(平成22年4月1日以降に発生した交通事故)となっています。また、改正民法では、生命・身体の侵害(人身事故)による損害賠償請求権は、生命身体が保護する必要性の高い権利であることから、財産権等の侵害等による他の損害賠償請求権とは異なる取扱いをすることとし、特例として、損害及び加害者を知った時から5年間行使しないときは時効によって消滅すると改められます。

## 審査会
【シンサカイ】

公益財団法人交通事故紛争処理センターにおける相談担当弁護士(あっせん弁護士)による和解あっせんができず、申立人(被害者)が審査会による審査を希望した場合、審査会の事案として回付されます。審査の結果、結論を示す裁定が行われ、申立人は、裁定を受けた日から14日以内に、同意または不同意をセンターに回答します。申立人は裁定に拘束されませんが、申立人が裁定に同意した場合には、保険会社・共済は、審査会の裁定を尊重することになっていますので、和解が成立することになります。

## NASVA
【ナスバ】

独立行政法人自動車事故対策機構と同義です。「自動車事故対策機構」を参照してください。

## 日弁連交通事故相談センター
【ニチベンレンコウツウジコソウダンセンター】
公益財団法人日弁連交通事故相談センターのことです。電話相談や示談あっせん等を行っています。

## 紛セ 業
【フンセ】
公益財団法人交通事故紛争処理センターの略称です。「交通事故紛争処理センター」を参照してください。

# 用語索引 ※第3章の用語を五十音順にて掲載

## ⬇ あ行

|  |  |
|---|---|
| 青青 | 063 |
| 青色確定申告控除 | 113 |
| 青切符 | 187 |
| 青本 | 201 |
| 青本基準 | 160 |
| 赤赤 | 063 |
| 赤い本 | 202 |
| 赤い本基準 | 160 |
| 赤切符 | 188 |
| 亜急性期 | 088 |
| アキレス腱反射テスト | 088 |
| 握力検査 | 088 |
| アジャスター | 142 |
| あっせん | 202 |
| あっせん弁護士 | 202 |
| 当逃げ | 188 |
| アフロス | 160 |
| 安全地帯（安全地帯徐行義務） | 056 |
| あん摩・マッサージ院 | 089 |
| イエローブック | 142 |
| 異議申立て | 107 |
| 意見書 | 107 |
| 異時共同不法行為 | 056 |
| 遺族年金 | 134 |
| 遺体処理 | 136 |
| 遺体搬送 | 137 |
| 一次元衝突 | 188 |
| 一括（一括対応） | 160 |
| 一括打ち切り・一括解除 | 160 |
| 一括社 | 161 |
| 一家の支柱 | 113 |
| 違反点数 | 188 |
| 医療調査 | 089 |
| 飲酒運転 | 188 |
| インスペクター | 161 |
| インビシメント症候群 | 089 |
| ウィークリーレンタカー | 143 |
| 内払い | 161 |
| 右直 | 063 |
| 運行起因性 | 161 |
| 運行供用者 | 161 |
| 運行供用者責任 | 162 |
| 運転 | 189 |
| 運転者年齢条件 | 162 |
| 運転中止義務 | 189 |
| エデンテスト | 091 |
| エンバーミング費用 | 137 |
| 追越し | 056 |
| 追抜き | 057 |
| 横臥者 | 064 |
| オークション | 143 |
| オージオメーター | 091 |
| オービス（ORBIS） | 189 |
| オドメーター | 190 |
| 温泉療法 | 091 |

## ⬇ か行

|  |  |
|---|---|
| カーロケーションシステム | 190 |
| 買替差額 | 143 |
| 買替諸費用 | 143 |
| 外傷性頚部症候群 | 076 |
| 外傷性脳損傷 | 077 |
| 改製原戸籍 | 137 |
| 介達牽引 | 092 |
| 外反ストレステスト | 092 |
| 回復期 | 092 |
| 外貌醜状 | 077 |
| 外貌醜状に関する認定基準 | 107 |
| 外来診療録 | 092 |
| 外輪差 | 064 |

| | | | |
|---|---|---|---|
| カイロプラクティック | 092 | 危険運転致死傷 | 191 |
| カウザルギー | 077 | 起算点 | 203 |
| カウント事故 | 162 | 基礎収入 | 115 |
| 科学警察研究所 | 190 | 吃音症 | 078 |
| 科学捜査研究所 | 190 | 既払金 | 134 |
| 格落ち | 144 | ギプス固定期間 | 094 |
| 確定申告所得 | 113 | 基本過失割合 | 064 |
| 覚低走行 | 064 | 記名被保険者 | 163 |
| 学歴計 | 114 | 逆突 | 065 |
| 駆付け費用 | 093 | 嗅覚味覚障害 | 078 |
| 火災新種保険 | 162 | 休業給付（金） | 163 |
| 家事従事者 | 114 | 休業損害 | 116 |
| 下肢短縮 | 077 | 休業損害証明書 | 116 |
| 加重（加重障害） | 129 | 休業特別支給金 | 164 |
| 過剰診療 | 093 | 休業日数 | 116 |
| 家事労働部分 | 114 | 休業補償 | 116 |
| 火新 | 162 | 救護義務 | 191 |
| 課税（非課税）証明書 | 114 | 休車損 | 144 |
| 画像所見 | 093 | 求償 | 164 |
| 家族限定 | 163 | 急性期 | 094 |
| 片賠 | 163 | 休損 | 117 |
| 可動域制限 | 077 | 給与所得者 | 117 |
| 稼働可能期間 | 114 | 給与明細書 | 117 |
| 稼働日数 | 115 | 胸郭出口症候群 | 079 |
| 下命容認事犯 | 190 | 協定 | 144 |
| 仮渡金 | 163 | 共同危険行為 | 192 |
| カルテ | 093 | 共同不法行為 | 057 |
| 過労運転 | 191 | 寄与度減額 | 108 |
| 簡易生命表 | 115 | 近親者 | 137 |
| 看護記録 | 093 | 近親者固有慰謝料 | 130 |
| 簡約特例書式 | 191 | 空車率 | 144 |
| 黄色本 | 203 | 空走距離 | 065 |
| 既往症 | 078 | 空走時間 | 065 |
| 偽関節 | 078 | 駆動輪 | 145 |
| 企業損害 | 115 | クリープ現象 | 065 |

|  |  |
|---|---|
| クローズ | 164 |
| クロス（払い） | 164 |
| 経済的全損 | 145 |
| 軽自動車検査協会 | 145 |
| 軽車両 | 057 |
| 軽度の障害 | 130 |
| 頸部交感神経症候群 | 079 |
| 契約者 | 165 |
| 契約車両 | 165 |
| 原因調査 | 165 |
| 現価表 | 117 |
| 兼業主婦（主夫） | 117 |
| 検査手続代行費用 | 145 |
| 検査登録事項証明書 | 145 |
| 減収がない場合の逸失利益 | 118 |
| 源泉徴収票 | 118 |
| 健保 | 165 |
| 権利移転確認書 | 165 |
| 故意免責 | 166 |
| 後遺障害逸失利益 | 118 |
| 後遺障害診断書 | 108 |
| 好意同乗 | 065 |
| 交角 | 192 |
| 高額診療 | 094 |
| 高額療養費制度 | 166 |
| 高次脳機能障害 | 079 |
| 工場代車 | 146 |
| 控除制限 | 134 |
| 工賃 | 146 |
| 交通事故自動記録装置 | 066 |
| 交通事故証明書 | 057 |
| 交通事故電話相談 | 203 |
| 交通事故による逸失利益の算定方式の共同提言 | 118 |
| 交通事故紛争処理センター | 203 |
| 交通整理の行われている（いない）交差点 | 058 |
| 香典 | 138 |
| 香典返し | 138 |
| 光電式測定 | 192 |
| 購入諸費用 | 146 |
| 高齢者 | 119 |
| 誤嚥性肺炎 | 079 |
| 告知義務 | 166 |
| 国保 | 166 |
| 個室 | 094 |
| 個人賠償責任保険 | 166 |
| 戸籍 | 138 |
| 骨格部分（フレーム） | 146 |
| コテイ | 108 |
| 固定経費 | 119 |
| 個賠 | 167 |
| 混合診療 | 095 |
| コンベックス | 192 |
| 婚約者 | 138 |

## さ行

|  |  |
|---|---|
| サービスセンター | 167 |
| サイクル表 | 066 |
| 再資源化等預託金 | 147 |
| 再取得価額 | 167 |
| 差額請求 | 167 |
| 差額ベッド代 | 095 |
| 酒酔い運転 | 193 |
| 挫傷 | 080 |
| サンキュー事故 | 066 |
| 三庁共同提言 | 119 |
| 仕上げ方法 | 193 |
| 時価 | 147 |
| 自覚症状 | 095 |

| 用語 | 頁 |
|---|---|
| 時価査定料 | 147 |
| 歯牙損傷 | 080 |
| 自管賠 | 167 |
| 事業所得者 | 120 |
| 時効中断申請書 | 167 |
| 時効の中断 | 204 |
| 事故減価証明書 | 147 |
| 事故状況発生報告書 | 066 |
| ジコショウメイ | 058 |
| 事故直前速度 | 067 |
| 事故歴 | 147 |
| 四肢麻痺 | 080 |
| 自社認定 | 168 |
| 事前認定 | 108 |
| 自損事故 | 067 |
| 自損自弁 | 168 |
| 死体検案 | 138 |
| 示談（書）省略 | 168 |
| 示談代行 | 168 |
| 実況見分調書 | 067 |
| 失語症 | 081 |
| 実収入 | 120 |
| 自動車 | 058 |
| 自動車運転過失致死傷 | 193 |
| 自動車運転処罰法 | 193 |
| 自動車運転処罰法5条 | 195 |
| 自動車運転処罰法3条 | 195 |
| 自動車運転処罰法2条 | 195 |
| 自動車管理者賠償責任保険 | 169 |
| 自動車業における表示に関する公正競争規約・同施行規則 | 147 |
| 自動車検査証 | 148 |
| 自動車公正競争規約 | 148 |
| 自動車公正取引協議会 | 148 |
| 自動車公取協 | 148 |
| 自動車事故対策機構 | 204 |
| 自動車重量税 | 148 |
| 自動車取得税 | 150 |
| 自動車税 | 150 |
| 自動車損害賠償責任保険 | 169 |
| 自動車の運転に支障を及ぼすおそれがある病気 | 196 |
| 死にも比肩すべき重度の後遺障害 | 130 |
| 自賠 | 169 |
| 自賠社 | 169 |
| 自賠責基準 | 169 |
| 自賠責の請求権者 | 139 |
| 自賠責保険 | 170 |
| 自賠責保険・共済紛争処理機構 | 109 |
| 自賠責保険審査会 | 170 |
| 自賠責保険料 | 150 |
| 自爆事故 | 067 |
| 支払基準 | 170 |
| 死亡慰謝料 | 131 |
| 死亡逸失利益 | 120 |
| 死亡後の後遺障害逸失利益 | 120 |
| 死亡診断書 | 139 |
| 車価協定額 | 170 |
| 車間距離保持義務 | 196 |
| ジャクソンテスト | 095 |
| 車検証 | 150 |
| 車庫証明手続代行費用 | 150 |
| 車台番号 | 151 |
| 車道 | 058 |
| 車道外側線 | 058 |
| 車両 | 059, 170 |
| 車両買替え（入替え） | 170 |
| 車両時価 | 151 |
| 車両新価特約 | 171 |

|  |  |
|---|---|
| 車両先行 | 171 |
| 車両損害 | 151 |
| 車両通行帯（レーン、車線） | 059 |
| 車両保険 | 171 |
| 重過失減額 | 171 |
| 醜状障害 | 109 |
| 自由診療 | 096 |
| 修正要素 | 067 |
| 修復歴（修理歴） | 151 |
| 終末期 | 096 |
| 修理費用 | 152 |
| 就労可能期間 | 121 |
| 就労可能年数 | 121 |
| 就労不能期間 | 121 |
| 酒気帯び運転 | 196 |
| 受傷と死亡又は後遺障害との間の因果関係の有無の判断が困難な場合の減額 | 172 |
| 主婦休損 | 121 |
| 順次追突事故 | 068 |
| 傷害慰謝料 | 131 |
| 障害年金 | 134 |
| 昇給 | 121 |
| 使用者 | 059 |
| 症状固定 | 109 |
| 衝突角度 | 068 |
| 消費税 | 152 |
| 傷病手当金 | 135 |
| 消滅時効 | 205 |
| 正面衝突 | 068 |
| 賞与減額 | 122 |
| 賞与減額証明書 | 122 |
| 将来介護費 | 096 |
| 将来治療費 | 096 |
| 職業付添人 | 097 |
| 諸元表 | 059 |
| 除籍 | 139 |
| シルバーブック | 152 |
| ジン | 060 |
| 鍼灸院 | 097 |
| 神経系統の障害に関する医学的意見 | 110 |
| 神経症状 | 081 |
| 審査会 | 205 |
| 新車要求 | 152 |
| 人傷 | 172 |
| 人傷一括 | 172 |
| 人傷基準 | 173 |
| 人傷差額 | 173 |
| 人傷先行 | 173 |
| 人身 | 060 |
| 人身事故 | 060 |
| 人身傷害補償保険 | 173 |
| 人身損害 | 060 |
| 親族免責規定 | 173 |
| 診断書 | 081 |
| 新ホフマン係数 | 122 |
| 診療報酬明細書 | 097 |
| 診療録 | 097 |
| 図化機 | 197 |
| スクラップ | 174 |
| ステレオカメラ | 197 |
| スパーリングテスト | 098 |
| スリップ痕 | 068 |
| 生活費控除 | 122 |
| 生活費控除率 | 123 |
| 整体院 | 098 |
| 制動距離 | 068 |
| 制動初速度 | 069 |
| 政府保障事業 | 174 |
| 脊髄損傷 | 081 |

|  |  |
|---|---|
| セキソン | 081 |
| 脊柱 | 098 |
| 施術証明書・施術費明細書 | 098 |
| 接骨院・整骨院 | 099 |
| 接触 | 069 |
| ゼブラゾーン | 060 |
| ゼロキュウ | 174 |
| ゼロ主張 | 174 |
| ゼロヒャク | 174 |
| 線維筋痛症 | 082 |
| 遷延性意識障害 | 082 |
| 専業主婦（主夫） | 123 |
| 全周傷 | 153 |
| 全損 | 153 |
| 全塗装 | 153 |
| 全賠約束 | 175 |
| 前方左右注視義務 | 197 |
| 素因減額 | 110 |
| 増額事由 | 131 |
| 増加保険料 | 153 |
| 葬儀費用 | 139 |
| 相殺（払い） | 175 |
| 操舵輪 | 154 |
| 速度調節義務 | 197 |
| 側面衝突 | 069 |
| 訴訟基準 | 175 |
| 訴訟基準差額説 | 175 |
| 損益相殺 | 135 |
| 損害賠償説 | 131 |
| 損害保険料率算出機構 | 110 |
| 損保料率機構 | 111 |

## ⬇ た行

|  |  |
|---|---|
| タームス | 069 |
| 代位 | 176 |
| 代休 | 123 |
| 第三者行為災害届 | 099 |
| 第三者による傷病届 | 099 |
| 代車料 | 154 |
| 退職金 | 123 |
| 対人 | 176 |
| 対人賠償責任保険 | 176 |
| 体性感覚誘発電位検査 | 099 |
| 対物 | 176 |
| 対物超過特約 | 176 |
| 対物賠償責任保険 | 177 |
| タイヤ痕 | 069 |
| タイヤトレッド | 154 |
| 代理店 | 177 |
| 舵角 | 197 |
| 他覚所見 | 099 |
| タクシー代 | 100 |
| タコグラフ | 069 |
| タコメーター | 070 |
| 他者運転 | 177 |
| 他車運転 | 177 |
| 多重事故 | 070 |
| 立合 | 177 |
| 打撲 | 082 |
| 玉突き事故 | 070 |
| 単独事故 | 070 |
| 知覚検査 | 100 |
| チャート紙 | 070 |
| チャッターバー | 060 |
| 治癒 | 100 |
| 中間利息控除 | 124 |
| 中間利息控除率 | 124 |
| 駐車場内の事故 | 070 |
| 調査事務所 | 111 |
| 弔問客接待費 | 139 |

| 直接請求 | 177 |
| --- | --- |
| 直前停止 | 071 |
| 佇立 | 071 |
| 陳旧性 | 100 |
| 賃金センサス | 124 |
| 賃セ | 124 |
| 椎間板ヘルニア | 082 |
| 追尾式測定 | 198 |
| 通院慰謝料 | 132 |
| 通院期間 | 100 |
| 通院交通費 | 101 |
| 通院交通費明細書 | 101 |
| 通院実日数 | 101 |
| 付添看護費 | 101 |
| 突き指 | 083 |
| 槌指 | 083 |
| 出会い頭衝突 | 071 |
| 定期金賠償 | 102 |
| 停止距離 | 072 |
| 停止表示器材 | 198 |
| 低髄 | 083 |
| 低髄液圧症候群 | 083 |
| ティネル（チネル）徴候 | 084 |
| 定年制 | 124 |
| ディフェンス | 178 |
| デジタコ | 072 |
| 電子カルテ | 102 |
| 点数 | 102 |
| 点数制度 | 198 |
| 同意書 | 102 |
| 等級 | 178 |
| 等級ダウン | 178 |
| 等級表 | 111 |
| 搭乗者傷害保険 | 178 |
| 導流帯 | 060 |

| 登録事項等証明書 | 154 |
| --- | --- |
| 特別支給金 | 179 |
| 特別室 | 103 |
| 特例書式 | 198 |
| 塗装 | 155 |
| 飛び込み事故 | 072 |
| ドライブレコーダー | 072 |
| トラフィックカウンター | 199 |
| ドラレコ | 072 |
| トリップメーター | 199 |

## な行

| 内縁（内縁配偶者） | 140 |
| --- | --- |
| 内輪差 | 072 |
| 二次元衝突 | 199 |
| 2自賠使う | 179 |
| 日常生活状況報告 | 111 |
| 日弁連交通事故相談センター | 206 |
| 日査協 | 155 |
| 二点式測定 | 199 |
| 日本自動車査定協会 | 155 |
| 入院 | 132 |
| 入院雑費 | 103 |
| 入院診療録 | 103 |
| 入通院慰謝料 | 132 |
| 入通院慰謝料表 | 132 |
| 入通院証明書 | 103 |
| 入力角度 | 073 |
| 任意基準 | 179 |
| 任意保険 | 179 |
| 認識時間 | 073 |
| 認定修理費 | 179 |
| 年金現価率 | 125 |
| 年金受給者 | 125 |
| 捻挫 | 084 |

| | |
|---|---|
| 燃料代 | 104 |
| 年齢条件 | 180 |
| 納棺 | 140 |
| 納車費用 | 155 |
| 納税証明書 | 125 |
| ノンフリート（契約） | 180 |

## ⇩ は行

| | |
|---|---|
| 廃車費用 | 156 |
| 賠償責任保険 | 180 |
| 賠責 | 180 |
| ハイドロプレーニング現象 | 073 |
| バレー・リュー症候群 | 084 |
| 板金 | 156 |
| 反則金 | 200 |
| 反則点数 | 200 |
| 判タ | 073 |
| 反応時間 | 073 |
| 被害者請求 | 112 |
| 非該当 | 112 |
| 引き出物 | 140 |
| 非接触事故 | 074 |
| 脾臓障害 | 084 |
| 必携 | 112 |
| ピッチ・マッチ検査 | 104 |
| 被扶養者 | 140 |
| 被保険者 | 180 |
| ピボットシフトテスト | 104 |
| 評価損 | 156 |
| 標識交付証明書 | 156 |
| 標準高次動作性検査 | 104 |
| ファミリーバイク特約 | 180 |
| 負傷原因届 | 181 |
| ブツ | 060 |
| 仏具 | 141 |
| 物件事故 | 061 |
| 物件事故報告書 | 074 |
| 物損事故 | 061 |
| 仏壇 | 141 |
| 物的損害 | 061 |
| 部品代 | 157 |
| 付保（する） | 181 |
| フラッシュバック | 085 |
| フリート（契約） | 181 |
| 振休 | 126 |
| 文書料 | 105 |
| 紛セ | 206 |
| 分損 | 157 |
| 平均賃金 | 126 |
| 平均余命 | 141 |
| 併合 | 112 |
| ペインクリニック | 105 |
| 別表Ⅰ | 133 |
| 別表Ⅱ | 133 |
| 変形障害 | 085 |
| 弁護士基準 | 181 |
| 弁護士費用特約 | 182 |
| 弁護士保険 | 182 |
| 弁特 | 182 |
| ホイールベース | 157 |
| 保管料 | 157 |
| 保険価額 | 182 |
| 保険基準 | 182 |
| 保険金額 | 183 |
| 保険金請求権者 | 183 |
| 保険者 | 183 |
| 保険証券 | 183 |
| 保険診療 | 105 |
| 保険料 | 183 |
| 保険料差額 | 183 |

| 保険料率 | 184 |
| 歩行者 | 061 |
| 補償限度額 | 184 |
| 墓石 | 141 |
| 補装具 | 105 |
| 墓地 | 141 |
| 歩道 | 061 |
| 墓碑 | 142 |
| ホフマン | 126 |
| ホフマン方式 | 126 |
| 保有者 | 184 |
| 本人寄与部分（寄与率） | 126 |

## ⇩ ま行

| 巻き込み事故 | 074 |
| マクマレーテスト | 106 |
| マッサージ費用 | 106 |
| 末梢神経障害 | 085 |
| マレットフィンガー | 085 |
| マンスリーレンタカー | 157 |
| 慢性期 | 106 |
| 見積書 | 157 |
| 緑の本 | 074 |
| みなし評価損 | 158 |
| 未認知の親 | 142 |
| 民事制裁説 | 133 |
| 無車検走行 | 075 |
| 無償同乗 | 075 |
| 無職者 | 127 |
| 無制限 | 184 |
| 無責 | 185 |
| むち打ち損傷 | 086 |
| 無保険車 | 185 |
| 無保険車傷害保険 | 185 |
| 無免許運転 | 075 |
| 免許停止 | 200 |
| 免許取消 | 200 |
| 免責金額 | 185 |
| 免責証書 | 185 |
| 免停 | 201 |
| 免取 | 201 |
| 網膜剥離 | 086 |
| モラルリスク | 186 |

## ⇩ や行

| 夜間 | 061 |
| 役員報酬 | 127 |
| 約款 | 186 |
| 誘引事故 | 075 |
| 有給休暇 | 127 |
| 遊休車 | 158 |
| 有責 | 186 |
| 優先道路 | 062 |
| 腰椎すべり症 | 086 |
| 用廃 | 086 |

## ⇩ ら行

| ライトテスト | 106 |
| ライプ | 127 |
| ライプニッツ係数 | 128 |
| ライプニッツ方式 | 128 |
| ラウドネス・バランス検査 | 106 |
| 利益配当部分 | 128 |
| 離合事故 | 075 |
| リサーチ会社 | 186 |
| リサイクル料金 | 158 |
| 梨状筋症候群 | 087 |
| リスフラン関節捻挫 | 087 |
| 緑内障 | 087 |
| レーダー式測定 | 201 |

| | |
|---|---|
| レセプト | 106 |
| レッカー代 | 159 |
| レッドブック | 159 |
| 労災 | 187 |
| 労災事故 | 187 |
| 労働能力喪失期間 | 128 |
| 労働能力喪失率 | 129 |
| 労務対価部分 | 129 |
| 老齢年金 | 136 |
| 路肩 | 062 |
| 路側帯 | 062 |
| 肋間神経痛 | 087 |

## ⇩ わ行

| | |
|---|---|
| ワンランク下 | 159 |

## ⇩ 英数字

| | |
|---|---|
| 15条請求 | 171 |
| 16条請求 | 172 |
| A（Assessment） | 090 |
| $a$（加速度、acceleration） | 064 |
| ABS | 143 |
| ADR | 203 |
| ATR | 090 |
| CRPS | 080 |
| CT | 095 |
| $g$（重力加速度、gravitational acceleration） | 066 |
| ICD | 088 |
| LAC | 135 |
| LAC基準 | 136 |
| MEP検査 | 091 |
| MRI | 091 |
| MTBI | 076 |
| NASVA | 205 |
| Nシステム | 189 |
| O（Object） | 091 |
| P（Plan） | 104 |
| PET検査 | 105 |
| PTSD | 084 |
| $r$（回転半径、radius） | 063 |
| Rp（Recipe） | 088 |
| RSD | 076 |
| S（Subject） | 090 |
| $s$（距離、span） | 064 |
| SEP検査 | 090 |
| $t$（時間、time） | 071 |
| TSマーク（TSマーク付帯保険） | 178 |
| $v$（速度、velocity） | 063 |
| WISC-Ⅲ検査 | 089 |
| WMS-R検査 | 089 |
| Xp | 090 |
| $\mu$（摩擦係数） | 074 |

# 執筆者一覧

### 編集・執筆

山下智行　　　　弁護士（59期・東京弁護士会）／山下智行法律事務所

### 執筆（五十音順）

牛島貴史　　　　弁護士（65期・東京弁護士会）／吉野高法律事務所
岡本裕明　　　　弁護士（64期・東京弁護士会）／弁護士法人渋谷青山刑事法律事務所
北村岳士　　　　弁護士（66期・東京弁護士会）／法律事務所ジュリコム
小林亞樹　　　　弁護士（64期・東京弁護士会）／水上総合法律事務所
杉山和也　　　　弁護士（57期・東京弁護士会）／鳳和虎ノ門法律事務所
鈴木かおり　　　弁護士（63期・東京弁護士会）／若林・渡邊法律事務所
本澤陽一　　　　弁護士（64期・東京弁護士会）／弁護士法人エルティ総合法律事務所
前田哲兵　　　　弁護士（63期・東京弁護士会）／坂井・鵜之沢・前田法律事務所
都　行志　　　　弁護士（67期・群馬弁護士会（元東京弁護士会））／都総合法律事務所
宮田直紀　　　　弁護士（65期・東京弁護士会）／あみた綜合法律事務所
吉岡　剛　　　　弁護士（59期・東京弁護士会）／奥野総合法律事務所・外国法共同事業

### 編集協力

一樂邦彦　　　　弁護士（54期・東京弁護士会）／津の守坂法律事務所
髙畠希之　　　　弁護士（54期・東京弁護士会）／日比谷見附法律事務所
菊地真治　　　　弁護士（55期・東京弁護士会）／菊地真治法律事務所

```
┌─────────────────────────────────────────────┐
│         サービス・インフォメーション         │
│                         ─通話無料─           │
│ ①商品に関するご照会・お申込みのご依頼        │
│         TEL 0120(203)694／FAX 0120(302)640  │
│ ②ご住所・ご名義等各種変更のご連絡            │
│         TEL 0120(203)696／FAX 0120(202)974  │
│ ③請求・お支払いに関するご照会・ご要望        │
│         TEL 0120(203)695／FAX 0120(202)973  │
└─────────────────────────────────────────────┘

●フリーダイヤル（TEL）の受付時間は、土・日・祝日を除く9:00～17:30です。
●FAXは24時間受け付けておりますので、あわせてご利用ください。

---

こんなところでつまずかない！
交通事故事件の実務用語辞典

平成30年2月25日　初版発行

編　著　東京弁護士会　親和全期会
発行者　田　中　英　弥
発行所　第一法規株式会社
　　　　〒107-8560　東京都港区南青山2-11-17
　　　　ホームページ　http://www.daiichihoki.co.jp/
デザイン　中村圭介・堀内宏臣・清水翔太郎
　　　　（ナカムラグラフ）

交通事故用語　ISBN 978-4-474-06211-5　C3032（7）
```